数字化转型指南

新商业的思维、方法和工具

崔立标 ◎ 著

人民邮电出版社
北京

图书在版编目（CIP）数据

数字化转型指南 ：新商业的思维、方法和工具 / 崔立标著. -- 北京 ：人民邮电出版社, 2020.8（2022.8重印）
ISBN 978-7-115-53688-4

Ⅰ. ①数… Ⅱ. ①崔… Ⅲ. ①电子商务—商业模式—指南 Ⅳ. ①F713.36-62

中国版本图书馆CIP数据核字(2020)第056065号

内 容 提 要

当今的商业界正面临一场百年的大变局，作为一种已被广泛应用的最新的生产技术，互联网正在颠覆传统商业模式。人、货、场构成的商业生态不断迭代、进化，并且以前所未有的速度渗透到每个领域。

物竞天择，适者生存，商业转型，刻不容缓。但为什么要转？又该如何转？

本书通过 9 章的内容，从商业和互联网的本质出发，立足产品、用户、渠道、传播方式等方面，将商业变迁的来龙去脉以及新商业的思维抽丝剥茧，同时通过鲜活的案例总结，归纳商业模式转型的新思维、新方法、新工具，让商业转型可落地，有依托。

问题的解决需要依靠大量的知识，本书希望构建一套商业转型知识库，帮助企业进化成新的商业“物种”。

◆ 著　　　　崔立标
责任编辑　牟桂玲
责任印制　王　郁　马振武
◆ 人民邮电出版社出版发行　　北京市丰台区成寿寺路 11 号
邮编　100164　　电子邮件　315@ptpress.com.cn
网址　https://www.ptpress.com.cn
涿州市京南印刷厂印刷
◆ 开本：880×1230　1/32
印张：6.5　　　　2020 年 8 月第 1 版
字数：133 千字　　　　2022 年 8 月河北第 5 次印刷

定价：39.80 元

读者服务热线：(010)81055410　印装质量热线：(010)81055316
反盗版热线：(010)81055315
广告经营许可证：京东市监广登字 20170147 号

| 物竞天择，适者生存 |

物竞天择，适者生存，这是进化论的核心内容，也是公认的物种生存法则。在自然界中如此，在商业竞争中也是如此。

我是 1997 年开始接触互联网的，1998 年在杭州开了杭州最早的一家网吧，2000 年创业从事网络安全服务，2006 年开始进入电子商务领域，眼看着互联网从一个奢侈品变成了快消品，从少数理工男的大玩具变成了人类生活的基础设施；眼看着在 1999 年时依靠互联网解决一日三餐还是一种巨大的挑战，到现在离开互联网寸步难行；眼看着杭州从一个因西湖而出名的中型旅游城市，变成一个因为新经济而快速发展的准一线城市。互联网已经深深地改变了我们，也深深地改变了我们生活的世界。

我在电子商务领域从事的是电商行业的管理咨询，几年下来，培训过的企业家超过 6000 人。在培训过程中，我能深深感受到中小企业的经营者们对当下正在发生的商业环境的变化，既恐惧又无奈，想改变又无能为力。他们渴求改变的目光给人触动，那是灼人的求生的欲望。

不能怪他们，因为他们熟悉的商业模式已经崩塌了。

人、货、场是商业的三大核心要素，分别指：①你的用户是谁?②你的产品和服务是什么？③用户购买你的产品的决策、交付场景又是什么?

随着互联网对日常生活的全面渗透，人、货、场三要素的内涵都发生了根本的变化。

人：原来看电视、看报纸的人变成了整天捧着手机不放手的人，于是电视广告、报纸广告的营销能力大幅下滑；原来逛超市、逛商场、逛路边店的人，变成了逛淘宝、天猫、京东、唯品会等电商平台的人，于是线下商业变得举步维艰。原来分散的、关系简单的人，因为互联网具有了更多身份，变成了某个社群的活跃分子，变成了某个"爱豆"的"粉丝"，变成了某个二次元阵营的拥趸，于是许多让人看不懂的现象级消费此起彼伏。种种现象表明，人本身正在开始数字化、部落化、媒体化。

货：随着互联网的媒体化的趋势，产品开始变得内容化，货架上实实在在的产品变成了图片、文字和视频的数据包。同时，又被注入故事和情感，从而变得人格化。电商平台上的产品，根据平台数据被赋予无数的标签。例如，你的产品是适合一线城市还是八线乡镇，是适合 35 岁的都市"白骨精"（白领、骨干、精英的简称）还是刚刚大学毕业的"森女"（指崇尚简单的生活方式，像森林里走出的女孩），是快消新品还是复购频率高的经典款……电商平台根据这些内容标签自动匹配合适的流量，让交易的效率最大化。一个没有内容化的产品，对用户来说相当于是不存在的。

场：当用户成交的场景从小商品市场、百货大楼、大型超市、步行街开始转向天猫、京东、蘑菇街、拼多多、微商的朋友圈以及"网红"的直播室时，许多人的生意就在不知不觉中凋零了。比如有品牌知名度的口香糖，本身没有犯什么错，仅仅因为消费者去超市的频率下降了，销售额就被腰斩。而带货的"网红"不断刷新的成交纪录，就像神话一样，让人傻傻看不清。

随着人、货、场内涵的变迁，许多生意的价值链条开始崩断，而这些变迁远远超出很多企业家的传统认知，恐惧和无助让中小企业主们深感焦虑。

不要怕，我们的产品还在，产品的设计制造优势依然在，用户也还在，用户的需求依然旺盛。我们需要做的，是重新构建人、货、场的新的知识体系，去适应商业土壤的巨大变革：丢掉“大刀长矛”，拿起“洋枪洋炮”，去改变、去适应，然后活下来。

通过本书，我把10多年来我对互联网和电子商务的理解与思考，以及企业转型的方法和工具与大家做个交流，透过纷杂的现象，洞见变化的本质，让我们对新商业的走向有一个明晰的认识和理解。

学习不易、转型更难，需要我们痛下决心，小步快跑，不断迭代。阳明先生有云“心上学，事上练，达于道，合于一”，与诸君共勉。

崔立标

2020年3月

| 目录 |

第1章 趋势如山

第2章 新商业的基因

商道即人道

第3章 商业的蜕变

流量红利时代的终结

第4章 用户即资产

创造用户是企业唯一的目标

第6章 传播即互动

互联网是最大的媒体

第7章 渠道即触点

打动用户的触点就是渠道

第8章 数据即动力

数据是精准商业的基石

第9章 新商业工具箱

企业数据化和网络化的路径

第1章

趋势如山

1.1 有一些趋势你看到了吗

1.1.1 传统零售的凋零

1. 中关村卖场之死

2015 年 1 月 16 日，全国最大的电子产品交易市场中关村三大卖场之一的 e 世界，在空置一年后，宣布转型为写字楼，原有的卖场业务不再延续。

2016 年 7 月 7 日，位于中关村、有 17 年历史的海龙电子城宣告停业，其 1 层至 5 层的电子卖场中仅剩十余家商户还在营业。这是继 2015 年关停“中关村 e 世界”之后中关村又一关停的大型电子卖场。

2. 不再堵车的义乌小商品市场

义乌是全球最大的小商品集散中心，在这座不大的县级市里，聚居着 20 多万经营户。每天早上 9 点左右，他们中的大多数人就要出发，赶往大大小小的批发市场。在每天的出行高峰时段，堵车似乎成了司空见惯的现象。

“这两年没有以前那么堵了。”常年迎送外来采购商的当地司机董师傅有着最直观的感受。

义乌商贸城内，在往日最繁华的一区、二区市场，尽管低楼层还有不少国外客商的身影，三楼、四楼的人气却完全不敌往日。在四楼开店的商户有时候甚至一两个小时等不到一位客户上门。

3. 百货公司都怎么了

2016 年 3 月 3 日，重庆外资百货第一店——重庆万友百盛广场有限公司（大坪店），在为山城市民服务 20 年后关张大吉。事实上，这已不是重庆第一家撤场的大型百货商场。位于“西部第一商圈”重庆观音桥的 NOVO 百货大融城店，于 2016 年 2 月 25 日完成撤场。

2015 年 5 月，百盛退出保定。2015 年 11 月，百盛郑州万象城店关店。在此之前，百盛已关闭了位于济南、常州、北京、天津等地的 5 家门店。

中国第一百货“王府井百货公司”，2015 年相继关闭湛江店、株洲店、抚顺店。

2015 年，万达百货关店 56 家。

上海，已在淮海路屹立了十几年的太平洋百货已在 2016 年底关闭。

2018 年 3 月 14 日，美国玩具反斗城宣布将关闭全美所有 740 家线下门店。

2018 年 10 月 15 日，拥有 120 多年历史的美国老牌零售商西尔斯百货向法院申请破产保护。

4. 超市正在失去第二个人流峰值

对于传统的超市来说，一般一天当中有 2 个人流高峰，一个是早上 8 点～ 9 点，以老年人为主，采购商品以蔬菜水果为多；另一个是晚上 7 点～ 9 点，以上班族为主，采购日常生活用品，随机消费较多。

现在，超市经营者不愿看到的是，第二个人流峰值正在慢慢消失！

1.1.2 不断逆天的网络零售

1. 疯狂的“双 11”

“双 11”是天猫发起的节日，从 2009 年开始，便不断刷新交易额记录（见表 1-1 和图 1-1），掀起了电子商务的狂欢。

表 1-1　2009 —2018 年天猫交易额

交易金额	日期
0.5亿	2009年11月11日
9.36亿	2010年11月11日
52亿	2011年11月11日
191亿	2012年11月11日
350亿	2013年11月11日
571亿	2014年11月11日
912亿	2015年11月11日
1207亿	2016年11月11日
1682亿	2017年11月11日
2135亿	2018年11月11日
2684亿	2019年11月11日

图 1-1 2019 年天猫“双 11”交易额

2. 网络零售的发展趋势

统计局 2018 年 1 月 18 日公布的数字显示，2017 年我国社会消费品零售总额达到了 366 262 亿元，比上一年增长 10.2%，按照当时的人民币对美元的汇率，中国的社会消费零售总额超过了 5.7 万亿美元。而根据美国国家统计部门的预测，2017 年美国的社会消费品零售总额在 5.5 万亿～ 5.7 万亿美元，也就是说，中国的社会消费品零售总额将持平或超过美国。

而 2017 年我国网络购物市场交易规模是 6.2 万亿元，同比增长 25.4%（见图 1-2）。

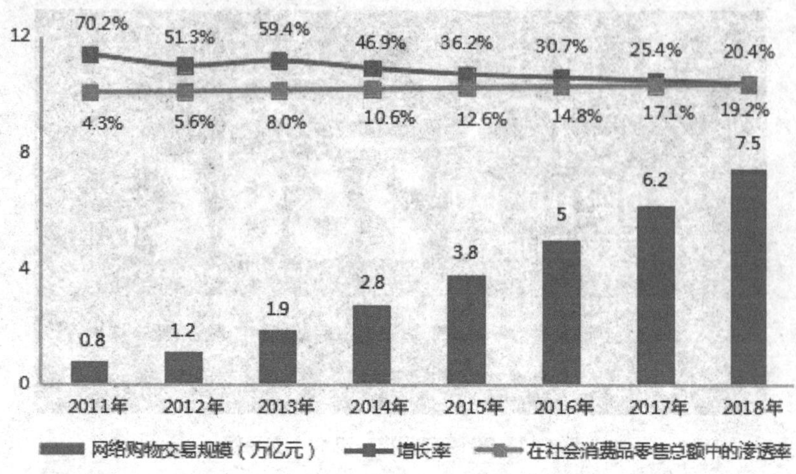

图 1-2　2011—2018 年网络购物市场交易规模变化

（数据来源：艾瑞咨询）

1.1.3 线下店铺的重生

传统零售的确在下滑，但消费者还在，销售额还在，只是消费者变化了，用脚逛街的少了，用手指“逛街”的多了。每个人一天只有 24 小时，比较消耗时间的事，我们改用互联网优化了，比如购物。

消费者还会上街，但是为了体验服务，与吃喝玩乐相关的服务变成了万达广场、银泰城等商场的主营业务，大多数会为了电影上街，为了美食上街，为了娱乐上街，却不再为了买双鞋上街。

线下店的价值将体现为便利和优质的体验，与互联网融合后，会焕发出新的价值。

于是京东开始拥抱沃尔玛、永辉超市，并开设京东便利店。

阿里巴巴成了银泰城的大股东，收购了大润发、三江超市，入股喜士多，投资零售新物种“盒马鲜生”。

同时，线上流量红利时代的结束，让互联网企业发现了线下店的入口价值。

马云先生提出的“新零售”是 2017 年最火的词，新零售不是简单的线上与线下的融合，而是零售的重生，是信息技术带来的零售的革命。

新零售是利用现代信息技术，包括互联网、大数据、云计算、人工智能、现代物流等技术实现的，以消费者为中心的人、货、场的高效资源配置。

1.2 移动互联网时代的来临

1. 智能手机器官化

先观察一下我们周边的生活，就像图 1-3 ～图 1-6 所示的那样，会发现手机正在改变我们的世界，也在改变我们每一个人。

图 1-3　人们边走路边看手机

图 1-4　人们边上课边看手机

图 1-5　人们边等地铁边看手机

图1-6 人们边约会边看手机

我们为什么离不开手机呢?

手机又没响，为什么要去看呢?

我们离不开手机，主要原因是我们离不开互联网。虽然“手机”这个名称没变，但它已经不是以前的手机了。以前，手机只是用来打电话、发短信的，但我们现在花在手机上最多的时间是用来上网。智能手机就像是我们身上的一块网卡，只要有移动信号、有 Wi-Fi，就可以帮我们实时在线。

2. 惊人的数据

根据工信部发布的《2014 年通信运营业统计公报》，2014 年全国移动电话用户总数达 12.86 亿户。

2015 年中国智能手机保有量为 9.5 亿台（如图 1-7 所示），每个智能手机用户平均 6 分钟就会看一眼手机，手机已经成了我们身体器官的一部分。2015 年，美团网来自移动端的交易额占比达到 90%。

2016 年天猫“双 11”全球狂欢节总交易额超过 1207 亿元，无线交易额占比 81.87%。

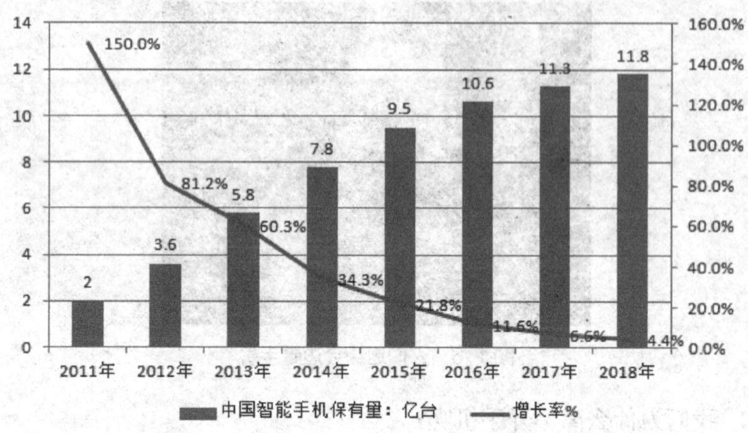

图 1-7　2011—2018 年中国智能手机保有量

（数据来源：智研咨询发布的《2011—2022 年中国智能手机市场深度调查及发展趋势研究报告》）

3. 移动互联网才是真正的互联网

互联网的移动化趋势不可逆转，互联网对人们日常社会生活的影响力不断扩大，具体表现在以下几个方面。

（1）移动互联网覆盖的人群更广，而智能手机的普及让互联网成为人人可用的服务。

（2）智能手机让互联网快速、实时地接入，让每个人享用互联网服务的时间加长。

（3）移动互联网解决了互联网服务获取的即时性，智能手机的 GPS 定位、拍摄、语音功能的集成，极大地拓展了互联网服务的深度和广度，使移动互联网更高效，功能更强大。

1.3 正在集聚的新风口

1.3.1 O2O 模式为传统企业插上翅膀

O2O 即 Online To Offline（或 Offline To Online，线上到线下），是指将线下的商务机会与互联网结合，让互联网成为线下交易的订单入口，同时让线下商务优质的体验和互联网社群相互融合，成就新电商们的品牌之路。

2010 年美团网成立，标志着 O2O 模式的开始。2011 年的电商“百团大战”将 O2O 推上第一次高潮，如今美团网已经成为团购的霸主。

2012 年快的打车在杭州上线，为出租车提供网络约车服务，开启了 O2O 电商的新路径。接下来快的打车、滴滴出行、Uber 上演的“补贴大战”将 O2O 推向第二次高潮。在资本的撮合下，合并了快的、Uber 的滴滴出行已经成为名副其实的出行巨头。

与传统的消费者在商家直接消费的模式不同，在 O2O 模式中，整个消费过程由线上和线下两部分构成。线上平台为消费者提供消费指南、优惠信息、便利服务（预订、在线支付、地图等）和评论分享，而线下商户则专注于提供服务。在 O2O 模式中，消费者的消费流程可以分解为 5 个阶段。

第一阶段：引流 线上平台作为线下消费决策的入口，可以汇聚大量有消费需求的消费者，或者引发消费者的线下消费需求。常见的 O2O 平台引流入口包括消费点评类网站，如大众点评；电子地图，如百度地图、高德地图；社交类网站或应用，如微信、人人网。

第二阶段：转化 线上平台向消费者提供商铺的详细信息、优惠（如团购、优惠券）、便利服务，方便消费者搜索、对比商铺，并最终帮助消费者选择线下商户，完成消费决策。

第三阶段：消费 消费者利用线上获得的信息到线下商户接受服务，采用移动支付，完成消费。

第四阶段：反馈 消费者将自己的消费体验反馈到线上平台，有助于其他消费者作出消费决策。线上平台通过梳理和分析消费者的反馈，形成更加完整的本地商铺信息库，可以吸引更多的消费者使用在线平台。

第五阶段：存留 线上平台为消费者和本地商户建立沟通渠道，可以帮助本地商户维护消费者关系，使消费者重复消费，成为商家的回头客。

O2O 模式发展的"土壤"是智能手机的快速普及，移动互联网为 O2O 模式提供了技术支撑，三项核心技术引领了这波商业浪潮。

（1）LBS（基于位置的服务）。智能终端的卫星定位功能和手机地图的结合，使线下商务得以便捷连接互联网用户。

（2）二维码。线下世界和线上世界之间有一道门，那就是二维码。

智能手机对二维码的识别，可以让用户在两个世界自由切换。

（3）移动支付。支付宝和微信支付，让 O2O 模式从引流、转化到消费、支付形成闭环。

O2O 模式最大的价值就是，在消费者消费习惯发生巨大变革的互联网时代，帮助传统线下商业经营者实现了与互联网的融合，为传统商业插上了翅膀。而传统商业巨大的产业规模，催生了滴滴出行、美团网、饿了么、摩拜共享单车等"独角兽"企业估值 10 亿美元以上。

1.3.2 社群电商的崛起

在电商发展的初级阶段，其商业模式是以淘宝网、京东商城、唯品会为代表的平台电商模式，或者叫 B2C。B2C 的优势是通过一个平台把大量企业的产品直接对接给消费者，在线形成订单，然后通过快递把产品传递到用户手上。

从本质上来讲，B2C 是希望去除一切中间渠道的，所有分销商、零售商都不再有价值，产品从厂家直接到消费者。平台电商模式颠覆了传统零售体系，零售渠道被重新构建，零售效率大大提升，传统的渠道商受到重创，这就是百货公司、连锁超市、集贸市场衰落的肇因。

随着平台电商的规模不断扩大，以及电商企业的不断深化，互联网开始出现马太效应（Matthew Effect，指强者愈强、弱者愈弱的现象），如图 1-8 所示。

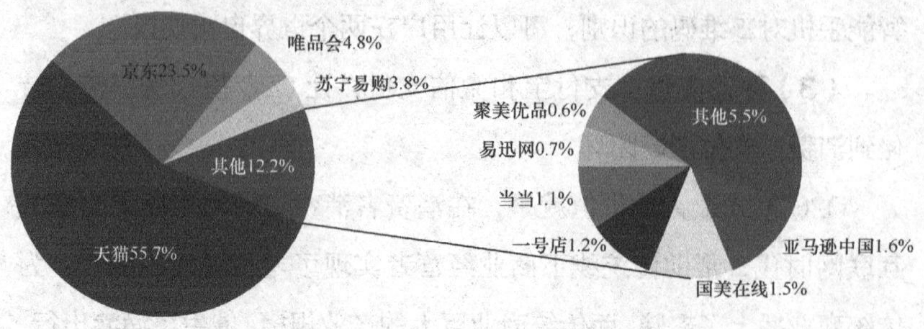

图1-8 2015年Q1-Q3 B2C市场份额综合分布

（数据来源：电子商务研究中心）

平台电商越来越寡头化，B2C的90%流量集中在排名前五的平台上，企业独立发展B2C成为几乎不可能完成的任务。业内有句话：在阿里巴巴或淘宝的年代，花10亿可以做成一个B2C；到了京东、苏宁的时代，要花100亿才能把B2C做成；到今天再想成就一个B2C，可能要花1000亿。

当一个地区大部分的流量和大部分的产品都集中在几个少数电商平台上时，在企业对流量入口的争夺和平台方流量变现的双重努力下，流量作为平台电商模式中最核心的资源，开始变得越来越昂贵。最终企业在电商平台获取流量的成本开始超过传统渠道成本，平台电商的流量红利开始枯竭。

在平台电商流量枯竭的同时，去中心化的、自带流量的社群电商开始快速启动。

2012年年底上线的罗辑思维，是中国最具影响力的自媒体之一，它通过App、微信等多个渠道向用户提供知识付费服务，通过优质的内容和坚持工匠精神的态度，至今已经积累了上千万名“粉丝”，成了知识付费经济浪潮的引领者。

以数千万“粉丝”为背景，罗振宇构建起了他的圈层商业模式，其跨年演讲《时间的朋友》进了深圳卫视；得到 App 将中国精英的知识分子网罗其中，以认知升级为特征的社群商业帝国呼之欲出。

互联网界的另一个“网红”老罗（罗永浩），实现了从英语老师到手机制造商的巨大跨界，他的个人“粉丝”迅速变成了其产品——锤子手机的“锤粉”。2017年5月9日，老罗在深圳为第五款手机——坚果 Pro 举行了新品发布会。一天内 40 万部手机售罄，老罗在发布会上哽咽着对 7 000 名“粉丝”说，“如果有一天我们卖了几百万、上千万台，你们要知道，这是给你们做的”。此时会场沸腾了……

老罗用个人的魅力、认真的态度、执着的精神引起了巨大共鸣，圈粉无数。锤子手机的用户是一个拥有共同人文特征的有机群体，锤子手机是这个群体的标签，锤子科技玩的也是社群电商。

社群电商不是对传统电商的颠覆，而是深化和延伸，它是一种以用户为中心的商业意识形态的觉醒。从某种意义上来说，社群电商是一套用户管理体系，通过用户的社群化充分激活企业的用户群体，将每一个用户通过社交网络工具进行社群化改造，利用社会化媒体工具充分调动社群成员的活跃度和传播力。

互联网的双向传播属性打通了企业和消费者之间的最短距离，吸引一群人的关注不再是多困难的事情，利用这些关注，只要方法得当，任何企业都有机会在这个竞争激烈的市场里获得自己的位置，这种模式，就是社群电商。

在社群商业模式下，用户因为被好的产品吸引而聚集成社群，社群发展壮大，促成更多交易，完成商业变现。

社群电商中，产品是媒体属性，成为流量入口；社群是关系属性，用来沉淀用户；商业是交易属性，实现流量变现。

1.3.3 跨境电商的新机会

从广义来看，跨境电商包括跨境电商交易[跨境电商贸易（B2B）+跨境电商零售（B2C+C2C）]，在本书中，跨境电商主要指跨境电商零售，即B2C+C2C。从商品流量来看，跨境电商包括出口和进口。

2009—2017年，中国货物进出口总值复合增长率达到7.9%，受中美贸易摩擦的影响，预计2017—2020年，复合增长率将达到4.7%。

而相比之下，有赖于政策以及消费升级带来的红利，跨境电商出口行业在近几年突飞猛进。

跨境出口（外贸B2C）正在展现巨大的潜力

传统外贸企业通过亚马逊、eBay、速卖通、Wish等平台直接将产品卖给国外的消费者。中国制造过去一直扮演着代工者的角色，没有设计、没有品牌、没有渠道、没有直接用户，仅仅是赚取微薄的加工收益，而渠道、品牌掌握在国际市场的渠道商手里，中国巨大的外向型经济成为无根之木，这是中国制造的难言之隐。

外贸B2C通过互联网平台，将我们的产品直接展现在消费者面前，企业将从加工商升级为品牌商。中间渠道的扁平化，让我们的成本优势再次凸显，而这一次一起成长的还有渠道优势、品牌优势。

把中国产能输送出去也是大势所趋，外贸 B2C 也会迎来大利好，中国的外贸行业将会开始一个新的春天。

跨境进口的机会和挑战

我们注意到，在跨境电商领域，出口的交易额是一直大于进口的。iResearch 报告显示，国内消费者跨境购物动机偏好明显。在驱动消费者进行跨境网购的因素中，核心因素是品质和价格。在品类偏好方面，消费者最热衷购买的是护肤美妆、婴幼儿食品、服饰、保健品和电子产品。

经济发展、消费观念升级将继续刺激进口消费需求，2017 年我国人均国内生产总值已接近 8 643 美元，达到中等偏上发达国家水平，国内消费者的消费需求开始升级。消费者年龄结构呈现出明显的年轻化形态，35 岁及以下人群在全部消费者中所占比重超过 80%，这部分人群更加注重商品的品质，对于价格相对没有那么敏感，因此对于海外的优质商品更为偏好。

易观智库的监测数据显示，2015 年中国跨境电商零售进口交易开始快速增长，规模达到 2 480 亿元，比 2014 年增长 45.9%；2017 年更是达到 6 500 亿元，同比增长 56.6%，远高于电商行业的平均增长率——传统电商的增长率正在逐年放缓。

不过，为规范跨境电商市场环境，财政部、海关总署、国家税务总局等多部门分别于 2016 年 3 月 24 日和 4 月 7 日发布《关于跨境电子商务零售进口税收政策的通知》和《跨境电子商务零售进口商品清单》，在行业内引发了强烈震荡。

根据新的税收政策，跨境电商平台上的进口零售商品从以往的按行邮税标准计税，均改为按 70% 的额度征收消费税和增值税。税改后，食品、母婴用品和化妆品等热销品将增加 11.9%～47% 的税费。

2015 年火热的跨境进口电商，在 2016 年税改后进入调整期，但在消费升级的大背景下，机遇和风险共存，单纯依靠税收差异化带来的优势是无法持续的，只有立足于国内消费者需求的敏锐把握、国外优质产品供应链的建设、消费社群的持续经营，才能分享跨境电商的真正红利。

1.4 “互联网 + 革命”：高维商业文明对低维商业文明的终结

1.4.1 生产力决定生产关系

工具作为生产力的代表，在人类发展的历史进程中扮演了重要的角色，就是说，有什么样的生产力，就会有什么样的生产关系。每一种现实的生产关系都是建立在一定性质和水平的生产力基础之上的。马克思指出：“手推磨产生的是封建主为首的社会，蒸汽磨产生的是工业资本家为首的社会。”

当前，我们正在围观或者卷入一场革命，这场革命是一次产业革命，是互联网这个伟大的工具全面渗透我们的经济生活后，引发的产业革命。互联网改变了我们获取信息的方式，所以纸媒、电视的广告业务“风光不在”；互联网改变了人与人之间的交流方式，所以长途电话、短信变少了；互联网改变了人们的购物行为，所以实体店铺的用户在分流。现在有一个概念叫“互联网 +”，简单理解就是用互联网这个工具去升级和改造原来的生产关系。

现在我们用 12306 App 订火车票，用滴滴出行打车，用美团订餐，用爱奇艺看电视剧，用京东商城购物……产生所有这些现象的原因都是上述 App 让人们的效率大幅提升！

在冷兵器时代，你或许是一个剑术高手，无人能及，但当你面对一把火枪的时候，你曾经的优势无法再支撑你取得胜利。

1.4.2 “互联网 +”是对传统资源配置结构的颠覆

最近，做英语培训的新东方多了一个新的对手——YY，雷军投资的一家公司。YY 是在网上通过语音聊天的工具，一开始仅仅是天天泡在网吧里玩游戏的玩家们使用，他们一边冲锋陷阵，一边通过 YY 互相协调指挥。

YY 还可以干吗？培训啊！例如利用 YY 开一个虚拟房间进行培训，学生就不再需要长途跋涉，在任何一个地方只要登录上来就可以听老师讲课，节省很多成本。现在 YY 开始做英语培训，把新东方英语老师挖过去，讲同样的课，而且课程是免费提供给用户的。

为什么能免费呢？因为传统的课，老师只能讲给 50 个人听，可在 YY 里，可能听课的有 5 万人，这么多人听，中间插播 2 条广告，利润就有了。

新东方的培训是对师资和学员的整合，在同一个时间，同一个地点。

YY 的培训通过网络教室完成对师资和学员的整合，在同一个时间，在不同的地点。没有了物理地点的约束，课程就可以开放给更多的人。有了更多的人听课，培训课就具备了媒体资源的特征，商业模式也就发生了变化。

360 杀毒软件，我们用了这么多年，它免费，而且提供了很好的服务。中国有几亿人把它装在计算机上、手机上，它的资源价值，从杀毒的功能变成了流量入口的功能，360 公司利用杀毒软件流量入口的功能，通过导航页、搜索引擎，就把钱赚了。

“羊毛出在马身上，由驴来买单”，这就是互联网的赢利模式。“互联网 +”就是对传统产业的资源配置结构进行了颠覆，因此产业链的核心竞争力在变化，企业的赢利模式也相应在变化。

互联网 + 时代，会产生出许多新的资源。

笔者支付宝的芝麻信用是 830 分，最近我发现这个分数还是蛮有用的，住宾馆不用付押金，退房时不用等酒店查房，骑共享单车不用付押金，等等。芝麻信用是什么？它是信用数据，而信用数据也是资产。在互联网时代，信用数据会成为企业和个人资源的一部分。

2016 年，“网红”现象爆表，主播们不仅“粉丝”众多，而且出场费惊人，例如知名游戏主播小苍线上直播和线下活动的价格分别超过30万元和40万元。

“互联网+”的渗透给社会生活带来了以下三大变化。

信息的快速传播带来的是信息总量的爆炸性增长，传播受众不断扩大，传播速度在加快。

资源的快速和跨界配置，使企业和个人整合资源的能力加强，互联网赋能效应明显。

群体协同能力加强，更广泛人群的聚合和运营得以实现，群体聚合效应显现。

这些变化成为了土壤，一些新的“物种”得以诞生。当从小就浸泡在互联网环境中的“80后”“90后”逐步成为消费主力的时候，他们的消费行为已经迥异于他们的父辈。

新的商业文明就是面对这些新的消费人群的态度、方法和工具。

第2章

新商业的基因

商道即人道

2.1 人和大猩猩的基因只差 1%

无论是谁，被说像大猩猩，都不会开心。但是，这两个看起来差别巨大的物种，基因层面其实只差 1%。

我们认为一家成熟的电商企业和传统企业的基因也只差 1%，但恰恰就是这 1%，让很多传统企业的转型过程很痛苦。

国内有一家服装上市公司美特斯邦威，2010 年推出独立 B2C 网站“邦购网”，2011 年 10 月，在花光了 6 千多万元投资后，黯然收场。

著名的家具零售商红星美凯龙，2012 年开始切入电商，半年烧掉 2 个亿，只卖了 4 亿元的货。2013 年 4 月更名“星易家”，并重建了团队，其骨干成员来自阿里巴巴、齐家、唯品会等主流电商企业。8 个月后，红星美凯龙董事长车建新对于电商的态度发生了 180° 的转变，号称家居电商是一场“革命”，这场革命影响了家居工厂、经销商、卖场的命运。

苏宁云商的转型最彻底，董事长张近东喊出了“做电商是找死，不做是等死”的口号。线上线下同价，重金推广电商平台苏宁易购，收购“红孩子”母婴网站，收购 PPTV，最后全面投入阿里巴巴的怀抱。6 年多来，苏宁从各个业务层面拥抱互联网，但转型之后的效果怎么样，还要打问号。苏宁易购线上平台 2015 年实现 500 亿元的销售额，每年都有维持可观的增长，但线下的 1500 家门店，5 年多了业绩停滞不前，2010 年还有 40 亿利润的苏宁云商，也已经连续多年亏损。

这 1% 到底是什么，为何我们要付出如此大的代价？

2.2 互联网解决了什么

2016 年 4 月，我应邀去山东德州做了一次分享，从杭州坐高铁 4 个小时就到达了，做完活动，当天返回杭州，这次旅行令我非常震撼——高铁真快。

山东德州我很熟悉，我老家是石家庄，在杭州读大学，每年假期回家，都要路过德州。我印象中，以前到德州时差不多已经在火车上度过了 15 ～ 16 个小时，离家还有 6 个小时的路。高铁真是一个伟大的工具，把两个城市间的距离迅速拉近，出行效率提升了 3 ～ 4 倍。高铁就是一种连接，把两个城市快速拉近的连接。

互联网和高铁一样，也是一种连接，一种虚拟的连接，把我们周围各种资源连接在一起，重要的是这种连接更快速、更廉价，用专业术语来讲，更有效率。

思考如下场景：

打开手机上的12306 App订一张火车票，5分钟搞定。如果是去车站买，要花多久？互联网帮我们快速完成了对车票的连接。

用滴滴出行，在办公室，在家里就能预约车辆出行，方便、快捷。如果你是在马路边等呢？风吹日晒，还有漫长的等待。滴滴出行在线上帮我们完成了对车辆的连接。

打开美团外卖，望着密密麻麻的店家列表，可曾想到你的周围有数百个厨师在等候你的差遣？你的订单完成了你和厨师手艺的连接。

2.2.1 这些伟大的公司都做了什么

百度解决了什么问题？

百度解决了中国人和中文信息的连接。亿万人的欲望和浩瀚的信息，通过百度搜索框连接在了一起。曾经我们靠报纸、杂志、图书、电视获得信息，如今万事不决，问“度娘”。

淘宝解决了什么问题？

淘宝解决了人和商品的连接。几千年来任何一个商人要完成商品和客户的连接，都需要一个场所——店铺，在店铺里陈列商品，营造场景，接受咨询，实现成交。大老板可以租繁华地段的店铺，小商贩可以租乡野村镇的店铺，创业者甚至一个地摊、一副扁担、一辆推车足以。百货商场、超市、小商品市场、服装市场、便利店都是店铺。店铺在商业中扮演着重要的角色，民间一直有“一铺富三代”的理财金句。

自从有了互联网店铺，消费者在淘宝、京东、唯品会甚至朋友圈都能完成与商品的连接，传统的店铺作为连接媒介开始贬值。所以有些百货公司开不下去了，超市人流减少了，中关村的不少卖场消失了，四季青的档口转让费缩水了。

腾讯解决了什么问题？

腾讯解决了人和人的连接，QQ 全球有 10 亿用户、微信全球有 10 亿用户，为什么我们每一天都离不开 QQ、微信？因为我们的人际关系都在上面，通过它们，你与同学、同事、亲戚、网友都能快速建立起联系。

曾经看过一部冯小刚导演的电影《手机》，里面有段故事使我印象深刻。

男主人公严守一和他嫂子吕桂花一起到镇上给在 200 公里外的矿区工作的大哥打一个电话，问什么时候回家。两人骑了十几公里的自行车来到镇上，排队打电话。那时候长途电话很难打通，他们运气不错，打通了，但只能打到矿区的传达室，矿上有上千名矿工，无法直接找到并叫大哥来接听电话，传达室大叔只能通过广播喇叭传递信息。打完电话，两人再骑十几公里山路回村。当时传递一条简单的信息，就要费这么大的周折。

我们再来看一下现在常用的微信，帮我们解决了多少维度的连接。

- 朋友圈：好友沟通。
- 微信群：同类好友沟通。

- 订阅号：和行业“牛人”沟通。
- 服务号：企业内部沟通。
- 附近的人：陌生人沟通。

关键的问题是，微信帮我们实现这么准确、高效的连接，我们却在免费使用这么好的产品。

美团网解决了什么问题？

美团网解决了人和本地服务的连接，餐饮、电影、美容等本地服务通过美团网实现了订单的在线成交，开拓了消费流量的第二个来源，消费者有了更多的选择。

2.2.2 新的连接重构了资源配置模式

我们的生活，我们的工作，需要连接各种资源。

比如一家普通的公司，对内需要连接用户、供应商、服务商，为做好服务，内部各部门互相连接保持协同；对外要连接机票、火车票、宾馆、餐厅、设计公司，以及政府各部门。

通过互联网实现了这么多维度的连接后，公司的效率就极大地提升了。

更重要的是，有了互联网这样的连接，我们连接的广度和深度得到了拓展，每个个体将能够获得和使用更多的资源，每个单位都会因为互联网而插上翅膀。

最终我们将会进入跨界互联、连接一切的时代！

2.3 互联网改变了商业的土壤

2.3.1 商圈“崩塌”了

如果想在一个居民小区开了一家便利店，而且这个小区只有这一家店，最近的竞争对手也在 3 公里外时，那么这个时候每一个理性的老板都知道，“我有了一种权利，那就是提高商品价格的权利，这 3 公里保护了我，这就是我的商圈——消费者会因为不愿意多走 3 公里，而不得不选择我”。

在传统的商业中，商圈在保护着从业者。因为你是一个区域的总代理、总经销，于是你受到了保护；因为你占据了繁华商业区的一个好商铺，于是你的营业额有了保障；因为你有独特的手艺，于是你可在你所在的县城过着滋润的生活。

一些连锁家电卖场就是因为垄断了每个城市销售家电的商铺，电器生产商不得不向他们俯首，以使自己的产品能够有更好的展示。

然而互联网来了，互联网最厉害的地方就是突破了物理空间的限制。

消费者在网上下单买一双鞋子，并不是很在乎卖家是否和自己在同一个城市。在电商发展的初级阶段，更多的订单反而是来自三四线城市，因为那里的商业环境更不成熟，竞争更不充分，商品价格更贵，可选择性更低，因而消费者摆脱商圈束缚的消费欲望更强烈。

于是由物理空间提供保护的商圈“崩塌”了，本地商家们原来只需关注本地的竞争者，但现在竞争者来自互联网触及的每一个地方，各种你不认识的竞争者开始蚕食你的市场。

同时，野心勃勃的商家们看到了另外一种可能：无须把店开到另外的城市，通过互联网就可以占领其他城市的市场。商圈的崩塌，为优秀的商家提供了巨大的机会。

四周的墙壁突然消失了，天花板突然消失了，你的潜在用户现在遍及中国的每一个角落，同时你也要和全国同一商品类目的经营者们竞争。原来你只需在一个县、一个市拥有优势就可以赚得盆满钵满，现在你必须在全国范围内拥有优势，才可以保住自己的饭碗。

2.3.2 商业民主化的到来

1. 选择的丰饶

淘宝网有将近 800 万家店铺，上亿个商品 SKU（Stock Keeping Unit，存货单位），当你打开淘宝首页，在搜索框随便输入一个商品名称进行搜索，接下来你就会面对成千上万和你的搜索相关的商品，每一家都把主图做得花枝招展，深度挖掘卖点，试图让你点击。

大部分买家都缺乏耐心，如果一个店铺的商品在搜索中无法排进前三页，基本就失去了被关注的机会。淘宝上每家店铺的运营团队，每天都绞尽脑汁让自己的商品排进前三页。京东、天猫、唯品会等电商平台也是如此，海量的商品，无数竞争激烈的卖家。

这就是电子商务给消费者带来的丰饶的选择，换一个店铺的成本仅仅是几次点击。店铺美工们熬了几个通宵做的主图，仅仅是为了能让消费者多停留数秒钟并点击进去。

面对丰饶的竞品，为了让自己的产品脱颖而出，商家也是费尽心思。

例如在淘宝平台，直通车的竞价在 1 ～ 2 年内翻了几番，为什么商家将各种各样的营销手段都用上了？很简单，因为产品丰饶啊。

2. 信息的透明化

2015 年，某地爆出了一个宰客丑闻，“38 元一只的大虾”，最后的结果是饭店被封，代价真大啊！估计老板私下会很纳闷，“我宰客很多年了，没出过事啊，怎么这次这么倒霉啊？”

时代变了，现在是互联网时代，信息是透明的，原来的“宰客模式”不好使了。

早的时候，游客被宰，一般就吃哑巴亏了。宰客这件事能够复制的关键是，饭店宰客的信息是不透明的，下一波客人不知道这个饭店是“黑店”。在互联网时代就不同了，客人被宰了，气不过，就会把这事通过微博、微信、大众点评传播出来，老百姓对这种事恨之入骨，争相转发和议论，很快就成为公众事件。

最近，公司要买辆车，我首先做的事不是去4S店，而是做功课。我去汽车之家、爱卡等汽车论坛，把自己关注的几款车的信息翻了个底朝天。这些信息是这几款车的车主驾驶体验的直接反馈，客观真实，没有水分。优点、缺点、购买价格清清楚楚，当我带着这些信息去4S店和销售经理讨价还价的时候，底气十足，因为我通过做功课已经掌握了关于这款车的很多信息。

我们去淘宝购物有个体验：当我们对产品非常感兴趣，在下单之前，会看一下评价，而且不看好评，只看差评。淘宝平台的中差评设计让店铺的交易透明化，差评多，店铺生意就会受影响，所以卖家会努力服务好消费者。

过去，有一些生意是基于信息不对称的，尤其体现在保健品、医疗器械、化妆品等领域。随着信息透明化，靠信息不对称生存的企业，其生存越来越艰难，而用心做产品，全心服务用户的企业会越来越好。

3. 消费的升级

2015年，在日本评出来的年度十大网络用语中，“爆买”一词拔得头筹，但这个词却是用来形容中国游客的。日本国民被中国游客爆发出来的购买力惊呆了：买电饭煲、买马桶盖、买化妆品、买感冒药、买尿不湿……中国游客所到之处，超市货架被买空的现象经常会发生。

在法国、意大利、英国又何尝不是如此，中国消费者的购买力改变了西方人的印象，那个遥远、贫穷的中国正在被快速发展、购买力增强的中国所代替。

在国内有一种消费趋势值得关注，高糖碳酸饮料的销量在下滑，方便面的销量在下滑，但同时酸奶和水果的销量在上升。

在电商领域，创建于 2015 年的网易考拉，在 2016 年成为中国跨境电商的一大品牌，创建于 2016 年 4 月的网易严选，快速俘获了众多的消费者。网易考拉和网易严选的产品全部是自采自销，与国内外顶级厂商合作，严格保证产品质量，同时价格也并不便宜。网易切入电商的时机恰好是中国消费升级的肇始，越来越多的消费者对价格不再像以往那么敏感，而更多地关注产品品质和体验，网易抓住了这个机会。

当前中国正迎来新一轮消费升级的浪潮，消费者从应付生活转变为经营生活、享受生活，传统的生存型、物质型消费开始让位于发展型、服务型等新型消费。

2.4 新商业的本质

2.4.1 商业的本质从未改变

一提到电子商务，我们首先想到的是淘宝和京东。

企业的产品无论在线上卖还是线下卖，其实只是订单产生场景的变换，生意的本质并没有变。

商业就是产品和服务的传递，商业赚钱的秘密是重复销售。

重复销售的意思是，在店铺每天发生的所有交易当中，有多少订单是老客户购买的。如果这个比例很高，那这个店铺就非常健康，否则店铺的生意就会相当危险。

观察一家电商企业，我们会发现网络店铺里面也有一个重要的指标，这个指标叫复购率。电商行业中流行一种说法叫“复购率魔咒”，也就是一家网络店铺能不能活下去，或者能不能成功，其他都不用看，就看这个指标就行了。什么是复购率？就是每天成交的订单有多少是回头客的。一般将 30% 的比例视作“生死线”。如果复购率超过 30%，那就有机会了；如果连续 90 天不超过 30%，别管现在卖多少货，接下来都会出问题，因为卖的这些货是靠广告砸出来的，一旦广告停掉，那么销量将会断崖式下滑。

杭州有一条著名的商业街叫“武林路”，那里云集了杭州各种女装品牌，武林路也以房租高昂著称，在那条街上开店的老板都会抱怨自己是在为房东打工。抱怨归抱怨，只要还有利润，都不愿搬走，因为这条街生意确实好。这中间有一些品牌搬离了武林路，后来活得还更好了，其诀窍：在武林路，他们积累一批老客户，他们搬走了，去了房租便宜的街区，但客户也随他们而去。

一个生意能不能赚钱，取决于有没有真正属于自己的客户，重复购买的客户才是真正属于自己的客户。

生意者会有一种错觉。例如，武林路的一些服装老板们，每天卖了不少货，以为买货的客户是自己的，实际上他们的这些客户只属于武林路，只属于房东。验证客户是否属于店铺的方法只有一个：搬离武林路，看看有多少客户追到新店来。

2010年，淘宝网兴起了“出淘”风，许多淘品牌为了摆脱平台，建立了属于自己的B2C，但生意惨淡。残酷的现实告诉他们，他们的订单是来自淘宝的用户，而不是品牌自己的。于是有一些淘品牌回到淘宝继续卖货，有一些则开始真正塑造品牌，找到真正属于自己的客户。

无论是传统的商业还是电子商务，获得新客户的成本都是很高的：你在线下经营，需要在好的地段租店铺，需要缴纳高昂的进场费将产品挤进超市的货架，需要在媒体砸巨额广告，需要举办打折促销活动；在淘宝平台，你需要购买直通车、钻展广告及“聚划算”的坑位，雇佣淘宝客。如果后面你没有通过运营把新客户变成老客户，就会注定这是亏本的买卖，因为新客户的获取成本很多时候高于这笔订单的利润，而老客户是不需要你付出这么大的成本的。

2.4.2 商业的核心竞争力是供应链

一杆没有子弹的枪的价值是什么？一门没有炮弹的炮的价值又是什么？

作为一家以卖货为主的企业，货是我们满足客户价值的核心要素，货就是我们的子弹和炮弹，而货又紧紧依赖于供应链。

供应链决定了如下的问题：

我们的原料从哪里来？

谁替我们生产？

谁替我们送货？

质量够高吗？

成本够低吗？

数量能满足市场需要吗？

这个链条可以跟随我们的变化而变化吗？

一个电商创业团队开了一个淘宝店，当他们一天只卖10件衣服的时候，他们的供应链就是每周去一次服装批发市场。当销量达到一天100件衣服的时候，他们需要找一家小型的服装加工厂合作。当销量达到一天1000件衣服的时候，他们需要和几家服装加工厂合作，还需要面料供应商、辅料供应商。

供应链是企业的核心竞争力，企业的规模越大，销售额越高，供应链就越复杂。

优衣库是来自日本的一家服装连锁企业，线下线上都在开展销售业务。2015年天猫“双11”，优衣库以6亿元销售额取得服饰类目第一名。优衣库为什么这么强大，有许多大咖分析过，在这里就不展开了，只想说一点，优衣库在中国有逾70家合作代工厂，每家都是这个行业最优秀的企业之一，中国国内生产的优质棉花，优衣库消耗了其中的80%。所以，这让别家怎么玩？从原料开始，很多企业就已经输了。

2016年8月10日京东公布了2016年二季度财报。第二季度，京东交易总额(GMV) 1604亿元，同比增长47%。订单量3.734亿，同比增长 56%，其中移动端占比 79.3%，同比增长超过 130%，过去 12 个月，京东活跃用户数 1.881 亿，同比增长 65%。

从京东靓丽的成绩单看，其与天猫的差距缩小了。京东商城是让马云最难受的一个对手，因为京东商城有个优势，每个人都知道，却无法与之竞争。什么样的优势让阿里巴巴如此痛苦？

就是这组数据，在京东商城，67% 的订单是 6 小时之内送达的。这是非常可怕的一个数字。当然，这是由京东商城“重资产”的商业模式决定的，京东商城采用的是曾国藩的“扎硬寨，打呆仗”的策略——投资大、见效慢，但体系一旦建成，其竞争优势则难以逾越。淘宝网采用了“轻资产”模式，不碰物流仓储，卖家自行解决，发展速度很快，但缺陷也深埋其中。阿里巴巴也意识到了这个问题，开始发展“菜鸟物流”，但项目复杂，利益方过多，还未能形成有竞争力的体系。

京东商城还在不断扩张供应链优势。

2015 年 8 月，京东以 43 亿资金入股永辉超市，看中的就是永辉超市国内一流的生鲜供应链优势。

2016 年 6 月，京东宣布沃尔玛成为京东集团的战略投资者。作为此次协议的一部分，沃尔玛将获得京东新发行的 144952250 股 A 类普通股，约为京东发行总股本数的 5%。各方将在多个领域进行合作：京东将拥有 1 号商城主要资产，包括 1 号店的品牌、网站和 App；山姆会员商店将在京东商城上开设官方旗舰店；京东和沃尔玛将在供应链上展开合作，丰富进口产品的种类。

以下是京东的诸多优势。

遍布全国的京东仓储网络，如图 2-1 所示。

图 2-1 京东的亚洲一号

现代化的数字仓库，如图 2-2 和图 2-3 所示。

图 2-2 立体数字化仓库

图 2-3 自动化分拣系统

全国排名前三的物流配送“铁军”，如图 2-4 所示。

图 2-4　渗透进大街小巷的快递员们

正在路上的未来黑科技，如图 2-5 所示。

图 2-5　京东正在测试的送货无人机

2.4.3 电子商务提升了人和商品连接的效率

电商改变的是人和商品之间连接的效率，传统的商业依靠渠道商完成这个连接，层级多，成本高，效率低，但是电子商务这个连接和过去的连接不一样，这个连接更有效率，是对产业链的一次优化，是对价值链的一次重组。

小米的成功其实是渠道的成功

小米为什么那么成功？大家也许会说因为小米生产出了高性价比的手机。但是问题来了，全中国或者全球做手机的，零配件供应商基本相同，做 CPU 的也就三四家，做手机屏幕的两三家，做摄像头的一两家，为什么小米可以创造理想的性价比，而别人做不了？

我们看看关键在哪里，在小米之前，中国的手机厂商都是这么卖手机的：手机厂商⟶全国总代理⟶省级代理⟶区级代理⟶手机卖场⟶消费者。

手机厂商过去没有办法把手机面对面卖给消费者，因为消费者很分散。只能靠一帮人，在全国搭建一个网络，这帮人有一个响亮的名字——渠道商。

渠道商在传统商业中扮演着非常重要的角色，营销圈在过去有一句话叫“渠道为王”，国美、苏宁曾经是中国家电产业最大的渠道商，每一个家电厂商都需要依靠国美、苏宁的渠道，只有格力电器另辟蹊径，通过自建销售渠道，维护住了自己的话语权。

如果小米走传统的手机销售渠道，它是没有任何成功机会的，所以最后它选择了自己在网站上卖，它的模式是这样的：手机厂商⟶小米官网⟶消费者。

不用找渠道，也不用分钱给渠道，把给渠道的费用直接让利给了消费者，其较好的性价比就是这么创造出来的。当时相同配置的手机，小米手机至少比对手的便宜 1000 元。现在小米的产品优势越来越不明显了，因为大部分的厂商都在通过互联网渠道做销售，小米的渠道红利已经消失。仅仅 2 ～ 3 年，曾经的手机渠道商便风光不再。

跨境电商正在颠覆传统的外贸渠道

在传统的外贸领域，最开始的外贸是这么做的：中国的工厂把产品生产出来，然后卖给国内进出口公司；国内进出口公司拿到这些产品以后，卖给国外进口商；国外进口商再把产品卖给美国或者国外的批发商，批发商再卖给零售商，最后消费者从零售商手里把产品买走。

后来阿里巴巴出现了，马云当时为什么做阿里巴巴？因为他发现中国有很多工厂想做出口的业务，但是他们没有办法找到外商。过去找外商只有一个渠道——广交会，但是广交会的摊位当时很稀缺，只有大公司才有资格去，这些小工厂根本连边都沾不到，所以没有办法自己做外贸。马云发现这个商机，当时他想做一个网上的广交会，让这些外商不用来中国，就能看到更多的产品。这里马云最初的想法。后来，马云做了个网站叫阿里巴巴，把那些小工厂的产品摆在上面，到国外做一些宣传，外商就可以看到了。

有了阿里巴巴之后，国外很多批发商突然发现，可以通过阿里巴巴直接找到中国的工厂，可以直接向他们发订单订货。这个时候出现一个现象，有两种公司没有饭吃了：一个是中国的出口商，一个是国外的进口商。

接下来出现了以敦煌网为代表的小额批发零售网站，通过敦煌网，国外的零售商可以直接向中国工厂订货，这时候，批发商也没有饭吃了。

当下跨境电商很火，比如美国的消费者可以直接向中国工厂订货，这是一个巨大的改变。美国也有“淘宝”，美国的淘宝是 eBay，美国也有“京东”，美国的“京东”是亚马逊。而且阿里巴巴还做了一个英文版的淘宝，就是全球速卖通。有了这些平台，美国的大妈也可以向中国工厂直接下单了，这时美国的零售商也没有饭吃了。

通过跨境电商，中国制造的成本优势再次凸显，更重要的是，这时候我们的工厂真正拥有了自己的客户，自己的设计，自己的品牌，而不是像过去一样，仅仅是一个车间。

在跨境电商中卖得最火的产品是婚纱，婚纱在中国的出厂价是300元，在传统渠道中美国姑娘是花多少钱买走这件婚纱的？1000美元。但是说实话，中国的工厂也没有赚到钱，卖300元，利润最多20块。当中国工厂直接在eBay上面卖货的时候，它可以卖200美元，中国工厂赚钱了，而这个美国姑娘省了800美元。这就是跨境电商的效率。

中国外贸的渠道变革路径如图2-6所示。

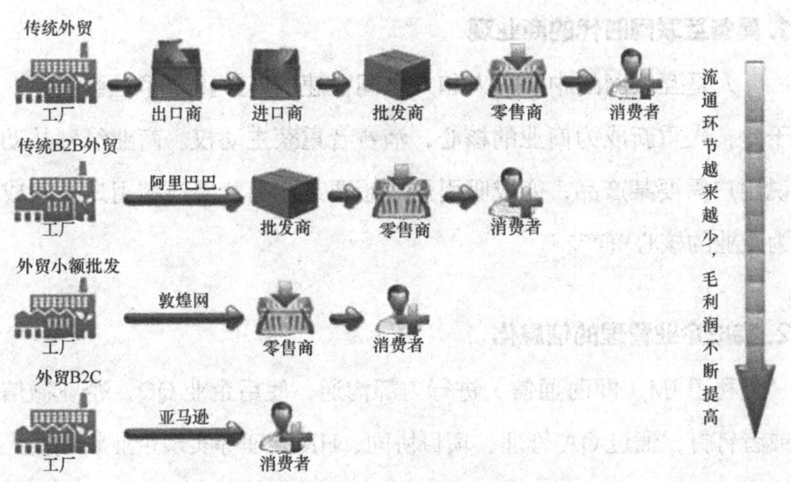

图2-6 中国外贸的渠道变革路径

2.5 新商业的终极就是商业的数据化、互联网化、智能化

一想到做电子商务，就是组织团队，到淘宝开个店，到京东开个店。这真的就是电子商务吗？不一定！

那什么是电子商务呢？

我给它下了一个新的定义，就是商务的数据化、互联网化、智能化，这是整个企业的产业链通过信息技术赋能的过程，能够实现员工在线、用户在线、产品在线、管理在线。

1. 具备互联网时代的商业观

人是互联网的中心，人和人之间快速的连接重塑了社会关系。于是，人重新成为商业的核心，消费者重获主动权。商业经营从劝说用户需要某产品，变成吸引用户想要某产品，用户和用户体验成为企业的核心资产。

2. 完成企业管理的信息化

利用 IM（即时通信）进行内部沟通，使用企业 QQ、企业微信或者钉钉，通过 OA 管理、项目协同、HR 管理等实现企业管理线上

化、互联网化、云端化。

3. 实现经营的数据化、互联网化、智能化

开设淘宝网店铺、京东店铺，仅仅是销售渠道的互联网化，电子商务应该还包括 ERP（企业资源计划）、WMS（仓储管理系统）、CRM（客户关系管理）、POS（销售终端）等内容。

新商业的目的，其实就是以用户为中心，利用互联网信息工具，最终实现产品和服务的高效触达，并打造极致的用户体验。

第3章

商业的蜕变

流量红利时代的终结

3.1 传统零售的困局

3.1.1 超市高高的门槛

最近和一个做零售的朋友聊天，他告诉我一组数据，他们的产品进入一家大型超市需要交纳的费用如下。

- 进场费：8 万元。
- 条码费：每条码 1500 元。
- 端头费[①]：1500 元 / 次（14 天）。
- 堆垛费[②]：1500 元 / 次（14 天）。
- DM 费[③]：每种 1500 元 / 次（14 天）。

---

① 端头指超市货架两端的排面，它是顾客经过最多的地方。超市的经营者根据这种情况就会对供应商收取一定的陈列费用，这个费用是商品毛利之外的，被称为端头费。

② 堆垛是指超市中商品单独陈列所形成的商品阵列，有时是一个品牌的产品单独陈列，有时会是几个品牌商品的组合堆垛。堆垛费就是指超市经营者对供应商收取商品堆垛陈列的费用。

③ DM 是指商超所做的特价产品宣传单。DM 费是指其制作和宣传的费用。通常，DM 费由供货商支付。

- 年底返利：2%。
- 年度费用：1%（即每年续约时按前一年销售额计算，一般以广告支持名义收取）。
- 货款占用：一般合同账期为到货 45 ～ 60 天（如果按拿到支票算为 90 ～ 100 天）；生鲜账期为到货 30 天，补损在 5%以内。

我看得心惊肉跳，据说这还只是一部分。羊毛出在羊身上，现在你明白超市某些产品的价格为什么这么高了吧！

3.1.2 店铺租金三级跳

再以杭州著名的步行街、武林路为例，其最早的一批店铺的开业时间可追溯到 1995 年左右，1995 年、1996 年时，一个 36 平方米的店铺年租金两三万元；2007 年时，年租金为 18 万元；2019 年时，年租金涨到了 26 万元。可见，见证武林路发展的除了时尚还有三级跳的店铺租金。

传统企业为了销售产品，需要采取各种市场推广和渠道开拓措施，例如：

（1）传统企业借助电视、报纸、广播等媒体进行广告宣传、市场推广；

（2）传统企业付出高昂的店铺租金和进场费，就是为求得一个好的展示场景；

（3）传统企业为了分销商品，借助渠道力量，付出了巨大的渠道成本。

企业的这些行为，都是为了购买一种资源——客流量。为什么要购买，因为自己没有，做广告是为了分享媒体的客流量，租店铺是为了分享房东的客流量，付进场费是为了分享商场、超市的客流量，依靠渠道是为了分享代理商、分销商的客流量。有了客流量，才会有订单；有了订单，才会有利润。

当然，购买流量、获取利润有一个基本的前提，那就是订单产生的利润必须能够覆盖购买流量所付出的成本。

但是，现在传统企业面临的是天价的广告，每年都在飙升的商铺租金，渠道分的利润越来越高。越来越多的企业发现，购买客流量的成本慢慢与利润持平，甚至出现亏损。

这就是传统企业面临的困局：流量红利时代已经终结！

那么，线下的渠道难道就这样终结了吗？

为什么优衣库还在逆势发展？

为什么无印良品依然拥趸云集？

为什么名创优品 2 年内在全球开了 1400 家店？

为什么原麦山丘面包店里总有人在排队购买？

这些店火爆的原因其实只有一个：他们的产品和品牌本身就是流量入口。

他们不蹭流量，不买流量，他们甚至会给所在的购物中心带来流量，所以很多的购物中心会用非常优惠的政策吸引他们入驻。

在这个流量红利结束的时代，自带流量、自创流量的企业才是时代的宠儿。

3.2 平台电商的困局

3.2.1 电商平台的“两把刀”

如图 3-1 所示，以天猫、京东商城、苏宁易购、唯品会为代表的一线平台电商正处于发展的黄金时期，这 4 家企业占据了市场 85.1% 的份额，二线的竞争对手与他们的距离越来越远，他们对 B2C 流量的垄断已经形成。

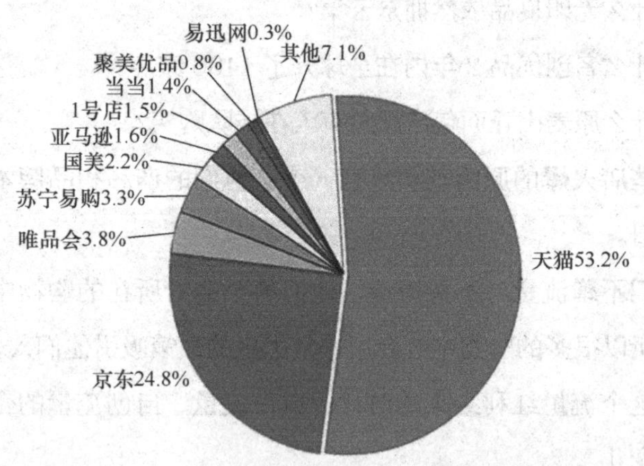

图 3-1　2016 年（上）中国 B2C 网络零售市场份额占比

（资料来源：中国电子商务研究中心）

但是在电商快速发展的风口浪尖上，有一种趋势正在显现，请看一组触目惊心的数据：淘宝网总共有各类店铺 800 万余家，淘宝网盈利的店铺在 5% 左右，天猫店盈利的在 15% 左右。

这是目前电商生态的真实写照，对于将电商作为企业转型重要方向的企业来说，这个事实简直令人绝望。残酷的现实告诉我们，传统的平台电商碰到了和传统商业同样的问题，那就是流量增量的枯竭和流量成本的不断提高。

淘宝网到底是卖什么的？

别看淘宝平台中的商品种类上亿，但淘宝平台自己卖的商品只有一个，那就是流量，和商铺的房东没什么不同，淘宝只是线上的商业地产，是典型的房东商业模式。

作为电商流量最大入口的淘宝网聚集了全国最大规模的网购人群，并将这些流量分发到平台逾 800 万家店铺的过程，就是流量变现的过程。传统的商铺流量变现是通过房租，淘宝平台的流量变现是通过交易佣金、平台推广费用（硬广、直通车、钻展）、活动坑位费等。淘宝平台虽是让店铺“免费”开店，但它其实是最赚钱的吸金平台。

淘宝平台的“两把刀”如下。

（1）流量成本越来越高，很多卖家的推广费用已经占到销售额的 20% ~ 25%。这是淘宝网的流量分发模式决定的，入口是稀缺的，流量的争夺者是海量的，因而流量价格会越抬越高。

（2）同质低价竞争，几百家、几千家店铺在同一平台卖同样的东西，最后就演变成价格的竞争，淘宝平台每年大量的促销活动推波助澜，“双 11”“双 12”、聚划算、淘金币、天天特价等，后面就一个词——打折。打折的后果就是毛利率下降。商家为了盈利，或者虚高标价，或者降低成本，导致用户体验不佳。

平台电商模式，也就是流量电商模式遇到了巨大的瓶颈，一方面国内电商流量瓜分殆尽，天花板已经出现，另一方面平台内商业生态恶化，卖家生存艰难。

3.2.2 电商新方向

1. 社群电商

发端于 2014 年的微商，在 2015 年风靡全国，开创了与淘宝分庭抗礼的局面，2015 年交易额突破 1800 亿元，从业者突破 1000 万。

传统商业和传统电商都是通过店铺销售产品，微商却是通过人和人之间的关系链进行交易，是基于信任的，并通过口碑传播进行扩张。

尽管微商的野蛮生长广受诟病，但微商快速的发展和展现出来的巨大生命力告诉我们，方向对了，只是需要不断优化。

2. 网红电商

什么是“网红”？“网红”有什么重要特征？

“网红”的重要特征就是拥有大量“粉丝”，用互联网的术语来说，“网红”就是可以自己创造流量的个人品牌。“网红”有流量就可以变现，向“粉丝”推荐合适的产品，这成为最常用的方式，被称为“网红电商”。

淘宝直播及其他直播平台、短视频平台迅速生产出批量的“网红”。

2015年“双11”，张大奕凭一人之力，让其店铺成为淘宝女装TOP商家，开业一年，店铺四皇冠，微博“粉丝”数跻身百万，拥有406万“粉丝”。

看到了方向的淘宝网，迅速推出了淘宝直播，嗅觉灵敏的卖家也都推出了自己的直播。

“网红电商”方兴未艾，其“粉丝”数和成交量惊人。

3. 内容电商

内容电商就是基于有吸引力的内容进行电商变现的商务活动。国内最早的内容电商是以蘑菇街、美丽说为代表的购物分享网站，其商业模式是通过导购进行变现的。

随着微信公众号的崛起，以罗辑思维为代表的内容创业成了新的热潮，通过内容吸引“粉丝”、获得流量，通过微商城销售与内容相关的商品来盈利。互联网直播的火爆把内容创业推向一个新的高潮，映客直播、斗鱼直播、花椒直播捧红了大批的“网红”，在直播的过程中加入商品销售成为“网红”流量变现的主要方式。

淘宝网、京东商城也都杀入内容电商领域，开通了直播频道，和今日头条等内容分发商合作，实现商品的销售。

微商、“网红”及内容电商的重要特征就是自带流量，摆脱了对流量平台的依赖，这给平台电商卖家们指明了方向：要拥有属于自己的流量，如果只能依赖平台的流量，那你就永远在为平台打工。

3.3 基于流量的商业模式的沦陷

3.3.1 仅靠电视广告成就不了伟大的企业

在中国的经济发展史上，有一家酿酒集团，是一个“里程碑式”商业败局范本。

1995 年 11 月 8 日，该集团以 6666 万元的最高价击败众多对手，勇夺某电视台的标王。成为标王，为集团带来了巨大的影响和声誉。经新闻界的一再炒作，在一夜之间由无名小辈变成公众明星，这一年集团销售额比 1995 年增长 500% 以上，利税增长 600%，完成了从地方酒厂到全国知名企业的大转变。

1996 年 11 月 8 日，该集团又以 3.2 亿元的天价卫冕标王。与首夺标王的反应截然不同的是舆论界对该集团更多的是质疑。要消化掉 3.2 亿元的广告成本，该集团必须在 1997 年完成 15 亿元的销售额，产量、销量必须在 6.5 万吨以上。

1997 年初，某报编发了一组通讯，披露了该集团的实际生产能力及收购川酒进行勾兑的事实。这组报道被广为转载，引起了舆论界与消费者的极大关注。由于没有采取及时的公关措施，过分依赖于广告效应，因此，在新闻媒体的一片批评声中，消费者迅速表示出对该品牌的不信任。市场形势开始全面恶化。

当年，该集团完成的销售额不是预期的15亿元，而是6.5亿元。再一年，更下滑到3亿元。从此一蹶不振，最终从传媒的视野中消失了。

这就是一个典型的流量依赖型商业败局的范本，某电视台代表着巨大的流量，成为它的标王意味着拥有了流量优势，这个优势给品牌带来了机会，但这个机会也有可能是转瞬即逝。

3.3.2 “9块9包邮”撑不起品牌梦想

相信经常网购的朋友应该非常熟悉各个电商平台大量9块9包邮的商品，无法想象的低价，高的吓人的销量，常常让人忍不住下单，而且略带庆幸：“不就是9块9嘛！”

但9块9包邮的货收到后，买家的满意度，那就冷暖自知了！

9块9的价格，物流要花钱，包装要花钱，运营哥哥的提成要给，客服小妹的工资要付，货要花钱进，老板要赚钱，重要的是买家还要物美价廉，要摆平这么多事几乎是不可能的。要这么玩，卖家一般采用下面两种方法：

1. 低质低价，赚完就走

看起来价值50元～60元的商品，进价不高于5元，那商品的质量自然就没法保证了，售后服务就更不用想了。但问题来了，对价格敏感的买家对质量同样敏感，不要以为“9块9包邮”商品的买家会容忍产品的低质量。当“9 块 9 包邮”商品的质量低于买家预期，且售后服务响应不及时时，铺天盖地的退货和投诉会涌向商家。原本希望通过促销带来的关联销售及引流复购，都将全部落空。

2. 亏本销售，打造引流爆款

“9 块 9 包邮”是冲销量、打造爆款比较常规的打法。通过这种方法，销量是有了，但是这个爆款能给商家带来期望的自然流量吗？在淘宝网千人千面的智能推荐引擎面前，低价偏好的买家所具有的数据标签会改变店铺的数据标签，会让优质买家与店铺擦肩而过。事实上，和店铺定位不匹配的流量、没有复购率的流量都没有意义。

对流量的畸形依赖不会成就伟大的品牌，只有聚集在品牌影响力、产品吸引力下的流量才是健康和持久的。

3.3.3 流量商业模式的死穴

流量带来的只是展现量，就是能被更多的人看到，但这只解决了商业的一部分需求，后面还有两个更重要的问题要解决：

1. 转化率

买家看到产品后是否下单，取决于产品价值的体验和销售场景的体验，这都是企业管理的内功，靠流量是解决不了的。

2. 复购率

让买家购买一次可以通过广告和推销实现，但让买家重复购买则必须依靠买家对产品和服务的信任。

如果解决不好转换率和复购率的这两个关键问题，所有依靠流量堆出来的企业，都会有一个致命的缺陷，那就是对流量的严重依赖，一旦流量成本上升，利润不能覆盖，业务就岌岌可危了。

3.4 从“捕鱼”模式向“养鱼”模式的迁移

3.4.1 “捕鱼”模式的困境

2016年8月底，我组织公司的同事们去某景区休假。第一天中午是本地导游安排的餐厅，口味一般，一结账吓了一跳，先不说菜价，一瓶普通啤酒要30元，一瓶1升的可乐要25元，刹那间感觉：人为刀俎，我为鱼肉。

晚饭时，我坚定地回绝了导游的各种推荐，用大众点评网选了一家位置偏僻，但评价极高的餐馆，结果大好，菜品口味一流，价格公道。

第一家店依靠导游带来的流量为生，以为流量源源不断，所以不在乎回头客，于是对菜品、服务都不重视。由于要和导游分享利润，所以毛利必须要高才行，他们的商业模式是“捕鱼”，这种模式在过去是可行的，因为游客对本地不了解，信息不对称，但在移动互联网时代，信息是透明的，我们可以通过互联网获得各家餐馆的信息和用户评价，导游的话语权消失了。

第二家餐厅位置偏僻，天然缺少流量优势，所以特别注重口碑和回头客，在菜品质量和服务体验上，必然会下很多心思，以期赢得网络口碑，所以他们的商业模式是“养鱼”。

传统的商业逻辑是以交易为中心，流量为王，生意成交就意味着和用户的关系结束了，“捕鱼”的商业模式如图 3-2 所示。

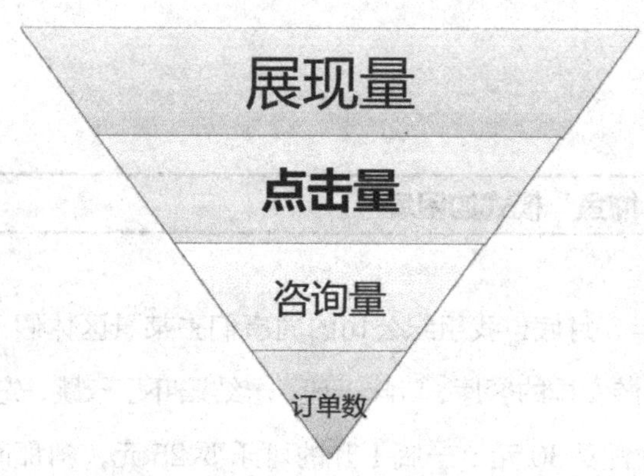

图 3-2　传统商业推广模式——“捕鱼”的商业模式

3.4.2　“养鱼”模式，我们的未来

我们的商业走出困境，发生蜕变的唯一出路，就是从“捕鱼”走向“养鱼”，把我们和用户之间的弱关系变成强关系。

在我们的产业园区，有一家企业，叫 NALA，主要经营化妆品和化妆工具，通过第三方平台和自建的 B2C 平台销售化妆品和化妆工具。在淘宝平台上，NALA 创造了一年五皇冠、18 个月金冠的淘宝奇迹，并在短短一年半的时间内成为淘宝化妆品类目前三名和国内第一的韩国化妆品零售商。但 NALA 的管理团队很早就清醒地认识到，虽然在淘宝平台上卖了很多货，但这些买家都是淘宝的用户，不是 NALA 的，怎么办呢？

前几年还没有微信、微博的时候，该企业用了一种最原始的方式——通过 QQ 群把用户圈起来。他们把每一个在淘宝上成交的用户，想尽一切办法拉进 QQ 群，并根据每一个女生皮肤肤质的不同，分成不同的群组，每个群组称为一个班级。每个群组会有客服、培训教师，每周都会举办各种群活动，如美容知识培训等，转化率一下就提高了。

新商业的逻辑是以关系为中心、得用户者得天下，生意的成交仅仅意味着开始，是一个长期商业关系的开启，"养鱼"的商业模式如图 3-3 所示。

图 3-3　新商业推广模式的逻辑——"养鱼"的商业模型

3.4.3 互联网就是“鱼池”

在中国最早的村镇商业中，就有“养鱼”思维了，由于大部分生意都来自熟人，在四邻八乡中社会结构简单，因而口碑非常重要，如果因为欺骗得罪了一些客户，那基本在这个村镇就混不下去了。

进入工业社会后，大规模工业生产结合传播的现代化、物流的现代化，产品市场一下子就扩展到更广泛的区域。由于潜在新用户规模巨大，而且用户不再是熟人，因此企业的焦点集中到了交易上，甚至利用信息不对称来达成更多的交易。因为有更多的空白市场可供开拓，所以企业并不注重用户的积累。同时，由于通信不发达，用户的口碑能够影响的范围是有限的，导致以盈利为目的的企业选择了盈利更快、管理更简单的“捕鱼”模式。

当社会发展到互联网社会，尤其是移动互联网的快速普及，人和人的距离变近了，信息的传播变快了，商业世界变小了。对于有远见的企业来说，“养鱼”变得成本更低，收益更大。2010 年 4 月份成立的小米公司，几年时间用户已经接近 1.7 亿——好大一个“池鱼”。但可怕的是，互联网是透明的，这个“鱼池”的边界是虚拟的，昨天“鱼”还在你的“鱼池”，明天就不一定了。一旦产品创新进入低谷，公司魅力不再，“鱼”便会毫不犹豫地离开。

3.5 从交易思维到关系思维的进化

2015年，有家国产奶粉品牌在国内搞了一次大规模的商业活动，孕妇只要提交能够证明自己怀孕的B超检测报告，就会免费获赠一罐市场价200元左右的婴幼儿奶粉。这次活动很成功，共送出2万多罐奶粉。这次活动成本巨高，耗资400万元。很多消费者非常佩服企业的魄力，同时也怀疑这次活动的效果——用户免费拿了奶粉，不保证会长期买啊！

事实证明这次活动非常成功，成功的关键是年轻的妈妈们不知道一个事实：

婴儿的味觉比较敏感，第一口喝了一种牌子的奶粉，一般会一直喝下去。不管后面换的奶粉多么“高级”，宝宝都会抗拒。奶粉厂商利用婴儿的这个特征，通过抢占第一口奶，从而让婴儿对这个品牌产生依赖，从而获得一个2～3年的长期用户。

该品牌通过一罐免费的奶粉，建立了和一个消费者2～3年的消费关系，当然是成功的。

同样的道理，滴滴快车利用补贴，利用奖励，让很多的私家车加入其平台，让无数的消费者装上App，形成网约车的消费习惯。目的就是利用“烧钱”策略，建立滴滴平台和私家车的关系，建立滴滴平台和打车人的关系，这些关系越丰富、越有效，平台的价值就越大。

由于流量红利的枯竭，获取新订单的成本越来越高，仅仅关注交易本身并不能保障企业的基业长青。只有和用户建立长期的、友好的、互动的关系才是核心资产。当然，企业与供应链上各个协作企业的关系是另一块基石，一个高效、互信的协作关系是企业的另一核心资产。

从交易思维到关系思维的进化，是新商业的出发点！

第4章

用户即资产

创造用户
是企业唯一的目标

4.1 互联网让消费者变成君王

4.1.1 信息透明化

互联网作为一个新的媒体，实现了信息内容的爆炸，微博、微信的出现让每一个人都可以成为了“媒体”，网络上信息之多、传播之快无以复加。在海量的信息面前，这个世界透明了，我们能以更多的角度、更多的渠道，以更快的速度获取信息。对信息的大量占有，让我们可以无限地接近真相，这些真相让我们作决策时更从容、更准确。

例如，你想去一家餐馆请朋友们吃饭，可以非常便利地在大众点评网搜寻到餐馆的信息，重要的是你可以看到大量消费者的真实评论，这些信息可以帮你做出靠谱的选择。

4.1.2 人群社群化

互联网社交媒体的出现，让分散在互联网上的个体形成了社群：论坛、贴吧、微博、订阅号、QQ 群、微信群、豆瓣小组等。

社群与人群的最大区别：社群是有共振的人群，他们可以拥有共同的目标，他们有稳定的组织架构，他们有共同的价值观，他们可以互动沟通。重要的是社群的共振可以影响互联网的生态，影响商业的生态。

锤子手机的"粉丝"喊出："老罗，你负责认真，我们负责赢。"

2017年小米在"米粉节"4天销售13.6亿元，参与人次5 740万次。

4.1.3 信息不对称的终结

我最近有买新车的打算，内心有了计划，第一件事就是去做功课，在汽车之家、爱卡汽车等网站上"浸泡"了半个月，这些网站上各种品牌车型的信息极其丰富——从动力、空间、耗油量到小故障、裸车价等信息一清二楚，而且都是第一手信息，甚至有的网友把购车发票都晒出来了。当时又赶上杭州地区的网友组织汽车团购活动，当我们一行二十几个被专业信息武装的消费者以团购的名义出现在4S店时，我们和销售经理的谈判可谓游刃有余，因为信息不对称被打破了，而且我们还有社群的力量。

信息不对称曾是不良商家的赚钱"绝技"，就是俗话说的"买的没有卖的精"。有一些不良商家，如卖大米，用国产大米冒充进口大米；卖衣服，用化纤面料冒充羊毛面料；卖手机，用假货、伪劣产品冒充"黑科技"，只是因为消费者不懂。他们甚至是垄断了信息，这利用信息不对称完成了一单又一单"好生意"的行为，在如今的互联网时代已是"寸步难行"。

可见互联网的信息获取优势打破了商业信息不对称，诚信重新成为商业的基石。

4.1.4 选择的丰饶与商业的“民主化”

如果你最近想买一条牛仔裤，登录到淘宝首页，在搜索框中输入关键词“男牛仔裤”，单击“搜索”按钮，猜猜看，你能得到多少搜索结果？系统给的结果：100 页 ×44 种 / 页 =4400（种）。这几乎是“海量”的选择。

这只是淘宝网，还有京东商城、唯品会、1 号店、蘑菇街、网易严选呢？

电子商务有个重要的特征，那就是选择的丰饶。什么是选择的丰饶？说通俗一点儿，就是供应过剩。电子商务的货架是虚拟的，只是一些程序代码，和实体的货架相比成本可忽略不计，而且为了覆盖更多的消费需求，电子商务平台努力追求平台 SKU（库存保有单位）数量，淘宝平台拥有上亿种商品，京东商城拥有千万种商品。

选择的丰饶使消费者拥有更大的话语权使经营者对消费者的“货币投票权”及“商品评论权”越来越重视，于是商业的“民主化”诞生了。

当然，如何从这个商品选择丰饶的商业世界中脱颖而出，是摆在每一家企业面前的大课题：让用户看到你、喜欢你、选择你、离不开你，是一场永远不会结束的战斗。

从此“用户第一”不仅要挂在企业的墙上，写在企业的手册上，更要放在每一位经营者的心上。

4.2 客户思维向用户思维的转变

4.2.1 客户和用户的区别

客户是为产品或服务买单的人，是对产品或服务形成服务请求和达成买卖关系的人或实体。他们一般更关注价格和利益，利益既包括团体的利益，有时也包括个人利益。

用户是直接接受产品的服务，或者享用产品功能的人，用户对产品的关注点是产品的价值本身和使用过程中的体验。

举个例子，销售部需要买一批笔记本电脑，给市场人员出差用，办公室王主任被总经理委派去电脑城采购。这个时候办公室王主任对笔记本代理商来说就是客户，因为是他来买单；市场人员则是笔记本电脑的用户，因为是他们在用。

不少人将“用户”和“客户”混为一谈，以为二者并没有什么不同。其实不然，虽然二者只有一字之差，但内涵却大大不同，所以，不同的立足点也就带来了不同的经营理念。

用户是产品的最终使用者，而客户却不一定是最终使用者；用户关心的是使用价值，而客户关心的大多是价格。因而，以客户为向导的经营，更看重营销策略；以用户为向导，则会把产品体验当作最为关键的一环。

4.2.2 客户思维

当企业的经营思维是客户思维时，企业的目的是达成交易，企业关注的焦点是渠道和营销，他们更在乎代理商、经销商的满意度，因为是代理商、经销商为产品买单。而作为产品最终使用者的用户，企业无法直接触达，只能通过广告、促销等手段来影响用户，而影响的方式是告知模式：我的产品如何如何好，快来购买我的产品吧。为了增强影响效果，甚至会采用信息不对称的方式，因为目标是为了达成交易。

传统的企业基本上都是客户思维，他们的经营就是“三板斧”：

（1）做产品；

（2）砸广告；

（3）占渠道。

4.2.3 用户思维

用户思维和客户思维有着极大的不同，在互联网的商业世界里，用户是主角，消费者由货币选民变为用户，企业和消费者形成了一种独特、自由和平等的关系链。谁也不用去讨好谁，亦无须欺瞒，他们是因为产品的魅力才相互吸引，因真诚而相互交流，因信任而结成新的商业社群。采取用户思维的经营，一般是以下“三部曲”。

（1）用户思维第一阶段：打动用户。用极致的匠心、温暖的体验和性价比打动用户。

（2）用户思维第二阶段：信任和认同。价值观的认同、情感的认同、身份的认同，让用户和商家融为一体。

（3）用户思维第三阶段：社群运营。当充满信任和认同的用户聚集在一起，产品有多极致，用户的体验就有多完美，用户对社群的感召力就有多大。

4.3 企业的经营目标是什么

4.3.1 企业的经营目标是盈利吗

每一家企业创业初期，主要目标都是盈利，有一句话是这样说的：“不赚钱的企业是不道德的。”但经过创业者若干年的经营，有的企业赚钱了，有的企业没有赚到钱，甚至消失了。

21世纪的第一个10年，我在杭州经营一家卖场模式的数码港，在那段时间我见过形形色色的摊位老板，其中有两位给我留下了深刻印象。

一位老板姓张，大学没毕业就开始创业了，租了一个摊位组装电脑，卖兼容机。这哥们儿口才极好，精明能干，有一次和我聊天，得意地炫耀：“昨天碰到一位小白买家，什么都不懂，你猜我卖他一台电脑赚了多少？1200元啊！”我心里说，一台三四千的电脑，赚人家1200元，心够黑的！

就这位特别会赚钱的小老板，在我们市场的生意并没持续多久，因为生意太差最终退租走人了。

在卖场顶楼有一家卖二手电脑的黄老板，脸上总是挂着憨厚单纯的笑容，摊位上永远都是堆积如山的旧电脑和零配件，尘土和各种废旧零件充斥每个角落。开始真有点儿瞧不上他的生意，尤其是听到他说转卖一台电脑只能赚30元～40元。有次他无意中说起靠这个生意在杭州已经买了两套房子时，我开始对他刮目相看。原来他是杭州最大的几家二手电脑集散中心之一，他在全省各地都有合作商，一家网吧淘汰的几百台电脑，经过专业的检测和整修后，在他手上，一天就可以发往全省各地。因为产品靠谱，人品靠谱，货还没收到，合作商家就已经打款过来了。

挺有意思的吧，一台电脑赚1200元的张老板生意做不下去了，而一台电脑赚30元的黄老板生意做得风生水起。

4.3.2 企业的经营目标是创造用户

直到有一天我看到世界著名管理大师德鲁克的一句话“企业的唯一目的就是创造顾客”，才醍醐灌顶，想明白了这件事。那位一台电脑赚 1200 元的张老板，不是在创造顾客或用户，而是在毁灭顾客或用户，“宰客”的名声使得他的生意之门被关上了。而黄老板的专业靠谱、薄利多销为他打通了全省通畅的二手电脑流通渠道，想不赚都难。

德鲁克终其一生都在研究企业的管理实践，他发现了企业成功的奥秘：那些不断在创造顾客或用户的企业生存了下来，并不断发展壮大。

随着经济全球化的趋势，互联网让这个世界变得越来越平，优秀的企业在创造用户这个方面，会越来越快。

Facebook、苹果、ZARA、优衣库、无印良品等正在快速席卷全球的用户，用优质的产品、温暖的体验、深入人心的产品哲学征服用户。

当然，那些聪明的中国企业也已经开始加入这支队伍。

4.3.3 那些创造用户的中国企业

淘宝网是世界顶级的创造用户的高手，2003 年马云开始做淘宝网的时候，C2C 电商在中国已经发展了 4 年多，当时易趣是国内 C2C 领域的老大。易趣创立于 1999 年，是根正苗红的全球 C2C 霸主 eBay 的学生，而 2003 年 eBay 全资并购易趣，而且它的盈利模式很健康，完全复制了 eBay 的商业模式。企业把产品放在这个平台上面，平台要收货架费，产品卖掉之后要收交易费。看起来淘宝胜出的机会很渺茫。

但是，淘宝最终打赢了这场战争，策略只有一个——免费。中国人就喜欢免费的，这些厂商说淘宝网那里免费，去开个店试试看。当然淘宝也为免费付出了巨大的代价，为了融资，雅虎花了10亿美元加一个雅虎中国，换购了阿里巴巴40%的股。当阿里巴巴2014年9月在美国上市，估值超2千亿美元的时候，40%的股份价值几何？

但这10亿美元使阿里巴巴最终取得了C2C战役的胜利。eBay控股的易趣在应对淘宝网的进攻时，反应迟缓，应对失据。易趣认为收费的模式很正常，免费是不符合商业法则的，所以坚持原有模式，坚持到最后，市场没了——市场被淘宝网拿走了。如果易趣当时也跟进，采用免费策略，可能历史会是另外一个写法了。

其实马云当时在董事会也面临这样的诘问："我们花这么多钱养淘宝网到底是为了什么？"

据说当时马云是这么说的："我们平台的用户每天都在疯狂增长，它最终会长成一个什么样的巨无霸，我们不知道。但我知道，我们不能让这个增长停下来，收费会让增长停下来。"

Facebook的创始人扎克伯格在创业初期，当合伙人提出要通过广告盈利的时候，也说过类似的话。

腾讯也同样是一个创造用户的高手，根据腾讯2017年第2季度年报，QQ全球月活用户8.5亿人，微信月活用户9.63亿人，这两张中国互联网最大的牌都在腾讯手里，它们成就了这家公司在业界的龙头地位。

小米科技也是创造用户的高手。2010年4月创立的小米科技，通过首款产品 MIUI 手机操作系统，赢得了第一批 100 个用户，到 2016 年底，小米的产品用户已经高达 1.7 亿。

小米之所以成功就是因为快速创造了大量的用户，小米卖得最火的产品是红米，虽然该产品线利润微薄，但小米很清楚这款手机的价值就是创造用户。小米科技的目标是创建一个移动互联网的生态系统，没有上亿的用户，生态只是空谈。

除小米手机外，小米还陆续推出了平板电脑、笔记本电脑、小米盒子、平衡车、空气净化器、净水器、电饭煲、网络摄像机、体重秤、血压仪、智能插座、智能灯泡等诸多产品。在软件领域，作为其核心产品的 MIUI 操作系统，用户只需在小米应用商店下载其 App，便可享受 MIUI 桌面、MIUI 短信、MIUI 联系人、MIUI 拨号、小米云服务等多种应用与服务。在服务领域，以 MIUI 操作系统为平台，小米先后推出了应用商店、主题商店、电子阅读、游戏中心、小米云服务、电子商务等多款互联网服务。此外，小米还尝试涉足互联网金融与移动支付。

让我们看看小米的生态圈还有哪些企业：猎豹浏览器、YY、多看阅读、UC 浏览器、爱奇艺、优酷土豆、凯立德 、金山、世纪互联、九安医疗、美的、小蚁科技等。而这一切的基础是海量的用户，小米科技的征程才刚刚开始。

4.4
打动用户是一切的开始

4.4.1 聚焦用户的痛点和痒点

创造用户是我们的唯一目标，但用户同时面临海量的候选产品，要想赢得用户的“货币选票”，企业必须拥有能够打动用户内心的核心价值。曾经的企业营销活动是用广告去告知和影响用户，现在广告的效果弱了，我们必须用产品和服务去打动用户。

要想打动用户，首先要研究用户，必须找到并研究用户的痛点或者痒点，然后用我们的产品和服务去解决它。但是我们却生产了无数不痛不痒的产品，我们以为只要多做一些广告就能卖掉了，包装一些概念就能卖掉了，多找一些经销商就能卖掉了，但是后来发现我们陷入了新的困境：广告太贵，消费者对所谓的“新概念”并不买账，经销商没有积极性。缘木求鱼，焉能不败。

互联网公司都是研究消费者的高手，我们可以看看 360 浏览器的产品策略。春运买火车票是个大大的痛点，360 浏览器推出了抢票专版，用程序帮我们解决了抢票这个耗时耗力的问题。于是，有这个痛点的用户就会主动去装这个浏览器，因为你需要它帮你解决问题。

360 浏览器还解决了一个问题：我们用网银的时候，每一次用某家银行的网银，都要装一些控件程序，这样网银U盾插上去才可以用，而且每家银行的控件都不同，对许多小白用户来说，这是一件极麻烦的事。于是，360 浏览器事先安装了所有主流银行的控件程序，用户通过 360 浏览器使用网银，就不用再装这些控件程序了，直接一插 U 盾就可以用。

一个免费的软件，做得这么贴心，能不打动你吗？

4.4.2 选择诗和远方还是苟且的生活

在淘宝网上有一个著名的女装品牌，它的产品非常有意思：价格很贵，而且用户买了这衣服之后，其实穿的频率很低，但还是会不断地买。它到底是用什么打动用户的呢？

这个品牌创造了一种 BOBO 风尚，在大众的感受里被认为是自然风、民族风；但创始人认为，它的风格就是参照本心，无拘无束。

正是这种风格打动了都市的白领女性，因为那正是都市女性向往的自由无羁的生活。我们都知道一封著名的辞职信“世界那么大，我想去看看”。为什么这封辞职信那么火？因为它说出了所有人的痛点：我们都想去看看，但是我们有太多的放不下。我们的感触这么深，是因为它打动了我们内心最柔软的部分。

这个品牌其实也一样，你什么时候该穿它的衣服，场景已经帮你设计好了，比如高原草甸，比如原始森林，比如江南水乡。当女生穿着这样的衣服走在丽江的街头，走在拉萨的街头，走在西塘的街头，会想“哇，这才是我们想要的生活”。于是，鼠标点一点，就下单了；但却不会去想，自己一年能去几次，自己一辈子能去几次。

周一到周五上班，周六加班，周日睡个懒觉，再洗洗衣服，打扫一下卫生。你会发现衣服买来放在衣柜里，并没有时间去穿，但再一次登录该品牌的淘宝店铺，又会被新款的衣服吸引，心里想：好久没出去玩了，下个假期一定要出去，否则对不起这些衣服啊；既然要去，干脆再买一件，一起带着去旅行。于是又买一件。

淘宝网上有许多的服装卖家，天天在那里打价格战，一件衣服40元包邮，和这个品牌比起来，差距真是大啊。没办法，它卖的是“诗和远方”，而一些卖家卖的是“苟且的生活”。

4.4.3 专业性也能带来好生意

雷蛇（Razer）是一个卖键盘鼠标的公司，别人的键盘鼠标卖30元，它卖300元，高端的卖上千元。它的设备是专业游戏外设，给资深游戏玩家用的。为了专业性，雷蛇会花38万美元改造笔记本电脑的USB接口，只为了让USB接口的反应速度提高零点几秒，这对我们普通用户来说一点儿用处都没有，但是对游戏玩家很重要，这决定了在一秒内你是被别人击败，还是你击败别人。这样的专业性打动了这些专业游戏玩家，同时，这些专业玩家的选择也影响到普通游戏玩家的选择。当你在网吧与同伴组队玩游戏时，如果没有这么一套设备，你是会被“鄙视”的，因为你不专业。很多人正是因此愿意为雷蛇的这种专业性买单。

随着中国人均 GDP 的增长，我们开始进入消费升级的阶段，我们的周围开始出现许多追求品质、追求个性、追求自我实现的消费者。如果你是登山爱好者，你会买专业的登山鞋、登山包、登山帐篷、登山手表、登山帽子、登山杖。如果你是一位钓鱼爱好者，你会买专业的钓鱼竿、鱼钩、鱼饵、鱼篓。这时候，与你能登多高的山、能钓多少鱼，已经没有太大关系了，因为这些专业的装备让你更深地投入你的爱好当中，让你找到存在感。

随着消费升级时代的来临，越来越多的消费者会为了产品细微的体验差别而做出选择。

4.4.4 让人难以抵挡的性价比

在电子商务的冲击下，这几年国内许多实体零售店纷纷倒闭，社会各界纷纷唱衰实体零售，认为实体零售被电子商务取代只是时间问题。

然而，有一家连锁零售商“名创优品”这几年却逆势扩张，且扩张速度非常惊人。“名创优品”是叶国富和日本设计师三宅顺也于 2013 年在东京联合创办的一家企业。企业的运营总部在中国，由叶国富负责运营，而设计中心在日本，由三宅顺也负责设计，定位是“日本快时尚设计师品牌”。这个品牌在不到 3 年的时间里在全球开了 1500 家店，并计划未来 3 年在全球开 7000 家店，几乎每天都有海外新店开业。

其实名创优品无非是做好了两件事：一是提升用户体验；二是提高运营效率，真正做到了物美价廉。这恰恰是零售最核心的两个要素，无论实体零售还是电子商务都是如此。

名创优品最强的是它的供应链管理能力。名创优品找到那些有专为大牌代工经验的企业，一下子就下了上千万的采购单子，把采购价格压到最低，而且明确提出拒绝暴利，因此价格普遍低于同行。

不管是国内还是国外的消费者，都难以抗拒这性价比的诱惑。

注意，不是便宜，是性价比。

除了“名创优品”，在国内逆势上涨的还有“优衣库”，后者同样是高品质，同样是合理的价格。当然，高性价比的背后是高效的供应链管理能力，这是未来企业竞争的核心所在。

2015 年在电子商务领域有一种新的模式 C2F（消费者到工厂），将追求品质的消费者和具有优质生产能力的工厂连接起来，创造了新的性价比，这种模式的典型平台是“必要”。2016 年网易新推出的“网易严选”也属于这个模式，并且已经取得不俗的业绩和口碑。

4.5 集客能力是企业的核心竞争力

虽然我们一再强调重复购买和复购率，但对新用户的吸引和收集仍是工作的第一步，没有新用户又哪来的老用户？互联网的优势就是用较低的成本来实现对海量用户的接触和影响。

低成本的集客能力是新商业的优秀素质之一，亦是企业的核心资源。

4.5.1 360的免费杀毒软件真的免费吗

奇虎360在美国股市上市，但市盈率一直不高，还屡屡被做空机构盯上，归根到底是因为美国人没搞懂奇虎360的盈利模式，他们很奇怪，奇虎360的主营业务是企业安全服务，可是核心产品又免费给用户使用，那到底靠什么盈利呢?

360安全卫士是免费软件，因为产品免费，360安全卫士得以打败国内主流的安全软件，获得6亿用户。但360安全卫士不仅仅是安全软件，还是奇虎360在你的电脑上安装的客户端软件，这个客户端软件会时不时地向你推荐360安全浏览器；由于信任360安全卫士，于是很多人选择了安装360安全浏览器。当你打开浏览器的时候，你首先看到的是互联网导航页、360搜索框，这两个产品拥有非常成熟的盈利模型。

现在你懂了吧，360安全卫士不是用来赚钱的，而是用来吸引用户的，然后再通过其他的产品和服务将用户变现。

4.5.2 搜狗输入法拯救了搜狗搜索

搜狗输入法是搜狗公司一名程序员的业余作品，由于采用了搜索引擎技术，输入速度取得了质的飞跃，竟然风靡互联网，成为搜狗公司用户最多的产品。搜狗公司索性组建团队，将这个产品做成了中国互联网上的杀手级应用；虽然输入法没有盈利模式，但圈用户的价值是巨大的。

和奇虎 360 的套路一样，搜狗输入法会弹出窗口推荐用户安装搜狗浏览器，然后同样是导航页和搜索框，同样是成熟的盈利模式。

在这里，搜狗输入法成了搜狗公司的集客工具。

4.5.3 为何每一家万达广场都有万达影城

电影院已经是万达广场的标准配置，在全国这些电影院的基础上形成了万达院线。截至 2016 年，万达拥有 260 家影城、2300 块银幕，稳居中国第一的市场份额。

这些电影院对万达广场来说，还有一个巨大的作用，那就是吸引客户人流。由于电子商务的冲击和消费升级的影响，对购物综合体来说，百货业态成为明日黄花，吃喝玩乐等体验式消费成为主体，其中电影院由于自身的产品更新度和深度体验的吸引力，更容易获得高频率的访客，这些高频访客会被餐饮、零售等业态分享，形成共赢。

万达集团开创了“商场影院共同经营”的模式。万达集团董事长王健林曾坦言：“一开始做文化产业是被动的，觉得购物中心光靠卖东西是不行的，于是就想搞电影院。”

4.5.4 靠10只猫赢利的名猫咖啡馆

在浙江金华有一家在当地非常有名的名猫咖啡馆（见图4-1），走进店内，瞬间就会被萌萌的喵星人包围、融化。这是一家为猫设计专属空间最彻底的咖啡店，在室内的中心区域设立了一棵非常大的树，在树周围还做了楼梯，让猫咪们可以自由地穿梭，整个咖啡馆成了猫咪的游戏基地。

图4-1 名猫咖啡馆

老板放养了10余只名贵的"喵星人"，很多客户是因为猫咪而来的，一来可以看看这些名贵的猫，二来也可以和有共同爱好的猫友一起聊聊猫。这里慢慢成了一个爱猫人士的俱乐部，人气旺了，老板的咖啡生意也更红火了。

当然，面对一个特征明显的用户群体，可能不止咖啡一种生意可以做，与猫相关的产品和服务，都有可能性。

猫咪在这个场景中成了集客利器，成就了咖啡店的生意。

4.6 用户的存在形式是社群

4.6.1 相同的咖啡不同的客户群

都是卖咖啡，不同的咖啡店定位不同，经营策略不同，吸引的用户也不同。

1. 星巴克

星巴克的店址一般设在综合商务区，定位是“多数人承担得起的奢侈品”，如图 4-2 所示。星巴克服务的对象是商务白领，用户的特征是文化层次高、收入高、生活节奏快并追求生活品质。

图 4-2　星巴克

2. 3W 咖啡

3W 咖啡起家于中关村，是一家由 180 名投资界合伙人、高管众筹而成的咖啡馆，如图 4-3 所示。3W 咖啡的主题是创业社区，服务对象是热爱互联网的科技创业者，目前已经延伸出孵化器、投资基金等创业相关业务。

图 4-3 3W 咖啡

3. 两岸咖啡

这是一家以提供第三方商务洽谈场所为特征的咖啡馆，服务对象为商务人士，如图 4-4 所示。商业活动需要洽谈，除了在双方各自的会议室外，一个轻松随意的第三方约会场所是非常必要的，尤其在商务合作的意向阶段或试探阶段，咖啡馆是最合适的场所之一。

咖啡的味道可以不地道，但咖啡馆一定要安静，提供了 Wi-Fi、商务套餐，而且交通便利，有停车位。

这就是现代商业细分市场的经营哲学：找到自己的用户，并为他们提供精心设计的产品和服务，让用户易于辨识并喜欢上自己的特色产品，并形成依赖性。

图 4-4　两岸咖啡

但市场细分只是社群运营的第一步，使用同一产品的同一群人聚集在一起并不是社群，社群的特征是互动和交流。

4.6.2 社群是可以产生共振的用户群体

魅族手机的“铁杆粉丝”称自己为“煤油”。小米手机的“铁杆粉丝”称自己为“米粉”。锤子手机的“铁杆粉丝”称自己为“锤粉”。他们聚集在各自的论坛上探讨心爱产品的方方面面，并且有各自的线下组织，聚会不断，乐此不疲。

“煤油”“米粉”“锤粉”这些团体之间的在互联网上的争论从来没有停止过。

魅族、小米和锤子科技都是中国最擅长经营社群的企业，并受益不浅。

1. 优秀社群的标志

（1）共振点

仅仅是普通的产品和服务是不够的，你要足够优秀，并让你的用户因你而骄傲。更好的共振点是精神层面的，产品能代表某种独特的品味和价值观，比如崔健的摇滚精神、锤子手机的“天生骄傲”。

罗永浩的一句话“我不是为了输赢，我就是认真”，让很多“锤粉”觉得，不买一部手机都对不起老罗。

2017 年春季新品发布会，老罗一句“当我们卖到几百万台、几千万台的时候，你们要知道，这是为你们做的手机！”让无数“锤粉”热泪盈眶。

（2）互动

一方面是品牌方与用户的互动，通过新品发布会、企业微博、公众号等。

新品发布会是和“粉丝”、用户进行互动的有效场景。

手机厂商们的新品发布会都是学习的美国苹果公司。最早学习这种方法的是魅族，后来小米又把发布会提升到一个新的高度；再后来华为、vivo、锤子等品牌不断创新，各领风气之先。

新品发布会是一场营销盛会，参会者主要是媒体记者、传播达人和品牌“粉丝”。发布会前期的预热、会中的演绎、会后的宣传造势，可以在短期内把所推出的新品打造成一个舆论热点。

新品发布会的投资大，但这是值得的。发布会其实是在和用户及潜在用户进行一次充分的沟通，通过媒体记者的笔，通过视频网站，通过在线直播平台，通过“网红”，通过“粉”和“黑”的互动转换，传播到更多人的视野中。

另一方面是用户之间的互动，通过在线论坛、线下聚会、QQ 群、微信群等。

小米的米柚社区是国内最火的论坛之一，注册用户达千万数量级，每天有上百万米粉聚集在这里，讨论他们的所思所想。

小米的高管被要求每天都要泡论坛。

（3）归属感

个体对社群有强烈的归属感、自豪感，愿意参与社群活动，并愿意提供资源，对损害社群的行为和敌对团体非常排斥。

2. 参与感促成归属感

让用户全面了解产品的制作过程，甚至可以让用户参与部分环节，让用户有参与感，与用户建立信任、做朋友，打造产品的故事和话题。通过这些活动，用户会觉得自己是品牌的一部分，这个产品和自己有更多的关联，从而产生归属感。

3. 亲近感促成归属感

用接地气的方式与用户沟通，如老罗的说相声式交流。对用户讲真话、真实的情感表达、可控的“自黑”都会拉近与用户的距离。

马云经常讲自己年轻时及创业初期的糗事，我们熟知的有考三年才考上一所大专院校，第一次高考数学考 1 分；应聘 KFC 都因颜值被拒；去推销互联网，被当成骗子；去美国融资，没人搭理。这些其实都是“套路”。马云的“粉丝”众多，与这些自黑的“套路”有很大关系。

一些名人也经常在微博晒各种日常吃喝、素颜自拍、吐槽自黑，因为这能拉近与“粉丝”的关系，让“粉丝”有一种“自家人”的感觉。

4.6.3 社群的价值

社群具有三层价值。

1. 渠道价值

第一层价值叫作渠道价值，这个渠道包括沟通的渠道、传播的渠道和销售的渠道等 3 种，企业可以通过社群与用户沟通，传递产品的价值，然后进行销售转化。

如果没有社群，小米会怎么卖手机呢？

第一步：铺渠道。

中国手机渠道被经营多年，全国各级城市基本被各种代理商、经销商所掌控。一个新品牌要想利用这些渠道，要付出巨大的代价，因为要给每级经销商留够利润，还要有强大的地推团队，才能保证把货铺到手机店。

第二步：宣传覆盖。

中央电视台、各省级卫视，广告要全覆盖。有广告支持，代理商、经销商才有信心，这广告其实很大程度上是打给代理商、经销商看的。

第三步：压货催款。

找代理商就是要用代理商的渠道找到用户，当然要给代理商留利润；但货卖掉了，用户也不是你的。如果代理商卖了半年，发现赚不到钱，很快就会把产品下架。运气好的话，产品卖得不错，接下来催货款又变成新的烦恼。

2. 平台价值

第二层价值叫作平台价值，我们通过社群可以实现产品的优化，实现多产品线的裂变，用户会因为喜欢 A 产品，而去购买新推出的 B 产品。

贝贝网是母婴购物平台，3 年的快速发展，积累了许多宝妈用户。宝妈除了会给宝宝买奶粉、尿不湿，还会买几件衣服犒劳一下自己；当然，也不能忘了老公啊。

贝贝网围绕宝妈用户，把垂直购物网站变成了购物平台。

3. 生态价值

第三层价值叫作社群的生态价值，就是通过社群我们可以实现资源整合、产业链上下游的打通和布局，甚至可以通过社群碰撞出一些新的商业模式。

腾讯是这方面的高手，QQ 有 8.5 亿用户，微信有 9.63 亿用户，而让腾讯盈利最多的业务却是网络游戏。当然这只是开始，微信已经开通了支付入口、电商入口、生活服务入口、金融入口、出行入口，以及搜索入口。

当然这层价值不是每一个平台都能玩的，只有拥有上亿的用户量才有够厚的土壤。能玩生态的只有 BAT，再加上京东、小米、字节跳动、美团，滴滴出行也可以算一个。

第5章

产品即入口

好产品
自己会把自己卖掉

5.1 产品是水，用户是鱼

5.1.1 曾经渠道为王

在传统商业中，渠道扮演着重要的角色，因为渠道是触达用户并形成交易的唯一场所。厂商擅长的是产品的设计和生产，如何把产品卖给成千上万的消费者是一个更为艰巨的任务，于是他们找有用户资源、卖场资源的第三方帮忙，如代理商、经销商，代理商们再把产品放进百货商场、超市、便利店、市场的货架上供顾客挑选，这些构成了复杂的、遍布全国的渠道网络。

对生产厂商来说，渠道网络太重要了，没有渠道，再好的产品也只能“养在深闺人不识”。同时，在传统的渠道中，货架是稀缺的。一个城市中繁华的商场、超市是有限的，在商场和超市，货架是稀缺的。过剩的厂商、稀缺的货架是传统商业的特征，货架成为重要的资源，“得渠道者得天下”曾经是商业的金科玉律。

国美电器曾经在全国拥有逾 1000 家店铺，成为全国的家电销售的核心渠道。国美由于拥有渠道优势，因而对家电厂商有极大的话语权，敢拒绝与国美合作的厂商只有格力电器一家，因为格力有自建的渠道网络。

5.1.2 数字时代，商品货架开始贬值

当电子商务开始在中国高速发展，越来越多的消费者形成了网络购物的习惯，商业的土壤开始松动。传统的线下渠道依然有价值，但核心价值不再是展示产品的货架功能，而是为顾客提供场景体验、社交中心等新功能。

传统渠道曾经是企业和消费者的连接器，但效率更高的互联网正在扮演这个角色。

互联网作为一种连接器，让企业发现自己可以摆脱对传统渠道的依赖，并直接对接用户。通过 B2C 商城、微博、公众号，企业可以与用户直接沟通和交流。小米科技的手机销售直接在网络上完成，拒绝和曾经的全国代理、省级代理合作。哪怕在 2016 年，小米意识到线下渠道的重要性，但依然选择构建单层级的结构，以保障互联网的流通效率。

在互联网上，产品的呈现方式是文字、图片和视频，其背后是一串串的代码，产品的存储空间不再是货架而是硬盘，这带来了商业的巨大变革。淘宝网有上亿个 SKU，京东商城有上千万个 SKU，这是传统商城无法想象的。

现在的企业，花费很少的成本就可以在网上拥有充足的货架，但这些廉价的货架却未必能带来销量。企业还必须做两项工作：第一，让用户能搜索到你的产品；第二，当用户看到你的产品后，能被打动并下单。

5.1.3 产品取代渠道，再次成为核心

创造用户是企业唯一的目标，产品价值则是企业打动用户的终极武器。

互联网信息的易得性，商品货架的无限性，使用户可以轻松获得更多的商品选择。此时，产品价值本身和消费产品价值过程中的用户体验成为用户决策的依据。于是，对用户的痛点、痒点反复揣摩，通过创新让产品脱颖而出、打动用户，成为企业的核心工作。

5.2 产品的内容化

产品在线是新商业的重要特征，产品需要在互联网上完成内容展示、内容传播、用户交互，产品内容化是产品上线的第一步。

5.2.1 产品主要是由文字、图片和视频等内容塑造的

线上产品是虚拟的，其内容主要由文字、图片和视频构成，是由设计师、摄影师和文案策划师等人组成的团队完成的。好的内容塑造好的产品，差的内容塑造差的产品，尽管产品本身是一样的。

例如，杭州有一家著名的电商公司 NALA 曾制作了 3 米长的商

品详情页（详情页打印出来长达 3 米），营造了强大的营销氛围，创造了行业领先的销售业绩。

图 5-1 展示的就是该店铺对详情页标准内容的严格要求和控制要点。

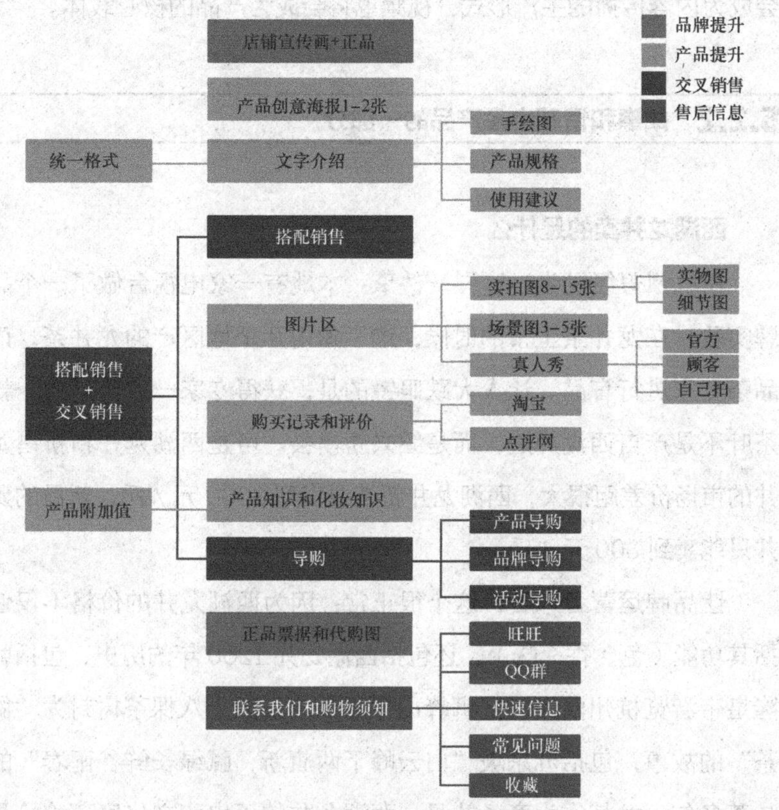

图 5-1　产品详情页内容元素标准

2016 年是短视频元年，一些素人利用短视频，在短时间内将其个人估值推到常人难以想象的高度。随后，抖音、快手、微视三大短视频平台一时间成为互联网的新流量核心。

心理学研究曾证明，人类存在着“生动性偏见”，具有视觉显著性的信息容易左右人们的判断。相对而言，视频具有更强的感染力。随着移动智能终端的普及，以及移动互联网带宽的持续提升，视频会成为内容传播的主流形式，视频也将会成为产品的核心载体。

5.2.2 故事和情感也是产品的一部分

西湖龙井卖的是什么

在杭州曾经发生过这样一件事：本地有一家电视台做了一个品牌实验，在龙井茶上市的时候，选了省内几个地区产的龙井茶，请品茶专家进行盲品。让人大跌眼镜的是，获得专家一致认可的一款茶叶不是产自西湖周边，而是绍兴新昌县。可是西湖龙井和新昌龙井的市场价差距很大，西湖龙井新茶要卖到 3000 元 / 斤，新昌的龙井只能卖到 300 元 / 斤。

让品牌运营者来看，这个很正常：因为西湖龙井的价格不仅包括其功能（色、香、味），还包括西湖龙井 1200 年的历史，包括乾隆皇帝游览杭州西湖时把狮峰山下胡公庙前的十八棵茶树封为“御茶”的故事，包括苏东坡“白云峰下两旗新，腻绿长鲜谷雨春”的咏茶名句。尤其作为商务礼品，西湖龙井的历史和文化底蕴恰恰是最有价值的部分。

杨贵妃同款荔枝

2016 年，电商平台顺丰优选推出了一款贡园荔枝，如图 5-2 所示。其一盒是 9 粒装，99 元 / 盒，平均每颗 11 元，可以说是“中国最贵荔枝”。

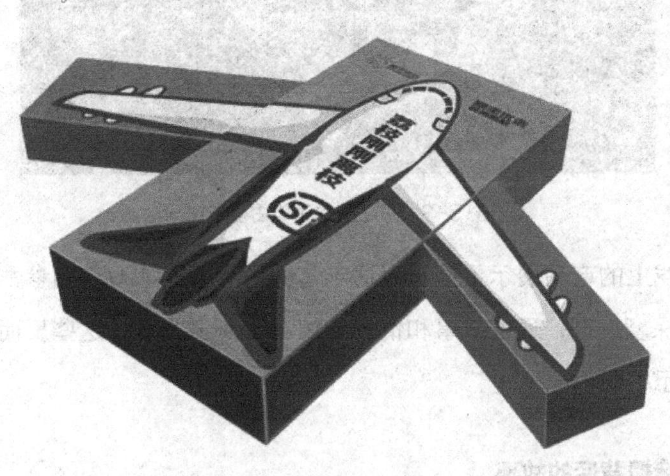

图 5-2 顺丰优选的贡园荔枝包装盒

我们看看除了荔枝的水果功能外，这款产品还包括什么？

（1）产地传说：产自广东高州根子镇——中国荔枝第一镇的贡园，这里是唐朝重臣高力士的家乡，当年杨贵妃吃的荔枝就是由高力士推荐并亲临贡园监督采摘的，还留下了白居易“一骑红尘妃子笑，无人知是荔枝来”的千古名句。

（2）千年古树：这款荔枝来自贡园的一棵有 600 年历史的古树“千手观音”，如图 5-3 所示。

图 5-3　根子镇的千年古荔枝树

线上的产品展示更擅长表达丰富的内容，比如对产品参数和性能的深度挖掘，通过故事和情感的演绎去刺激需求，这些反而是线下展示的弱项。

褚橙背后的故事

褚橙的学名叫“云冠橙”，是 2012 年崛起的水果“爆品”，但百姓们都把“云冠橙”叫作褚橙，因为云冠橙的老板姓褚，而且是中国改革史上绕不过去的人物。

云冠橙的老板叫褚时健，红塔集团原董事长，1994 年被评为全国“十大改革风云人物”。

1995 年，68 岁的褚时健被举报经济问题。

1999 年 1 月 9 日，褚时健被判入狱。

2002 年，75 岁的褚时健保外就医，与妻子承包荒山，开始种橙创业。

2012 年 11 月，85 岁的褚时健种植的“褚橙”通过互联网售卖，成为国内著名的水果品牌，褚时健再次登上人生的顶峰。

这位老人的人生经历让人叹服，很多消费者因为向这位老人致敬而购买其产品——老人用工匠精神打造出的橙子。工匠精神和产品口碑一起成就了褚橙。

褚橙为什么能脱颖而出？褚时健曾说："我从小就知道自己做事总比别人要做得好，因为我认真，负责任。同样是烤酒，我一般 2 斤半苞谷就能出 1 斤酒。做什么事都要会观察、会总结，找到规律，办法就出来了。"

例如，在购买鸡粪肥料的时候，褚时健会把鸡粪直接倒在手上，捏一捏，看看水分有多少，看看里面有没有过多的木屑，木屑过多的话，其中的有机料就会少。因为眼睛不好，尽管鸡粪的味道刺鼻，他还必须凑近了看才行。那些普通人不愿意做的事、不屑做的事，他却孜孜不倦地做着。

《褚橙你也学不会》一书的作者黄铁鹰在做了大量的调查和取证后写道：褚橙正是在气候、水、肥料、间伐、控梢、剪枝、病虫害防治、果农管理、团队管理、产品营销这十大方面都优于同行，才最终厚积薄发，脱颖而出。

产品的故事和情感是产品的人格化过程，人格化的产品比产品功能更能引起传播，尤其是在互联网这个有史以来最大最活跃的媒体上，因为互联网是由人构成的，人和人的传播构成了互联网的传播，人格化就成了必经之途。

讲故事、讲情感只能让消费者买一次，能否让消费者重复购买取决于产品的品质和口碑。

5.2.3 口碑是产品价值的塔尖

有过淘宝购物经验的人都知道，在我们逛淘宝店时，除了关注产品价格和产品描述内容外，在决定购买前我们都会仔细阅读产品评价。一个差评可能就会打消我们强烈的购买欲望。

当你准备下单购买某款香水的时候，看到如图 5-4 所示的差评，你还会继续吗？

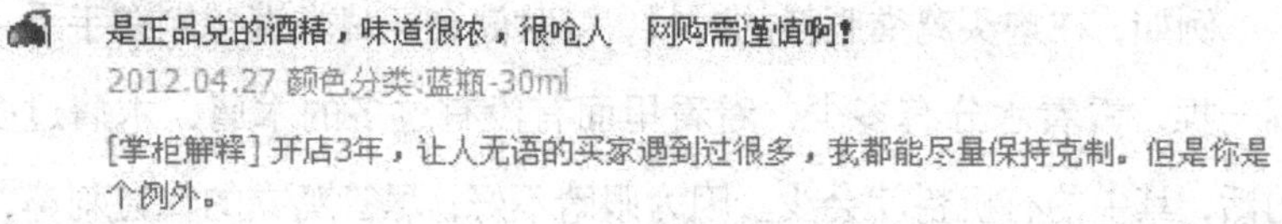

是正品兑的酒精，味道很浓，很呛人　网购需谨慎啊！
2012.04.27 颜色分类:蓝瓶-30ml
[掌柜解释] 开店3年，让人无语的买家遇到过很多，我都能尽量保持克制。但是你是个例外。

图 5-4　网店的典型差评

当你在交通台的广播中，听到车主痛诉某品牌车辆让人崩溃的质量和汽车厂商的冷漠无德后，会默默地把这个品牌从候选名单上剔除。

淘宝卖家们深知中差评的杀伤力，淘宝每个类目前十的老板每天必看两个内容：

（1）财务报表，这个不难理解，关心店铺的效益。

（2）评价（尤其是中差评），这可能会影响店铺未来的效益。

正是因为重视用户评价，所以才会出现卖家坐飞机去外地找买家，只为请买家修改评价的事例。

然而，不少传统商业的管理者对口碑的管理是严重缺位的。

在当下，每个人都是网络世界的超级媒体，每一个评价可能都有成百上千的阅读量，这些评价也是产品的一部分，而卖家无法左右。这些评价决定了阅读者是会成为产品的“粉”还是“黑”。

5.3 用户体验是产品价值的全部

用户体验（User Experience，简称UE）是用户在使用产品或服务的过程中建立起来的一种主观的感受。

用户体验产生于用户与品牌和企业所发生的一切互动中。这些互动的对象包含了产品、店铺、销售人员、广告、DM单、微博、售后服务等。所有这些感受都会随着时间的积累而联系起来，并最终形成用户体验。

用户体验为什么重要？因为它决定了企业的命运：

（1）用户会不会购买；

（2）用户会不会重复购买；

（3）用户会不会促成产品的口碑。

5.3.1 可用性体验是一切的基础

褚时健的故事再感人，若产品没有完美的口感、水分、甜度，也无法成就褚橙的热销。雕爷牛腩的格调再高，若没有可口的饭菜去征服顾客的味蕾，最终也会烟消云散。

产品的可用性体验由三方面构成：有用、易用、满意。

有用：指的是产品的功能是否满足用户的需求。例如，是否设计合理，是否质量可靠。

易用：是指产品的使用易上手，而且效率高。例如苹果手机，即使儿童也能轻松上手。IT 行业已经达成共识，在产品研发过程中要把用户看成“小白”用户，不要让用户去思考。

传统行业有些产品的设计不太考虑人性化，例如我们经常使用的 502 胶水，几乎没有一次使用是能干净利索的。

糖尿病患者曾经有一个麻烦：病人需要买胰岛素回家自己注射，传统的针筒注射器非常不好用。丹麦公司 Novo Nordisk 研发了笔形胰岛素，把药和注射合二为一，简单易用，安全方便，很快就占据了家用胰岛素市场的主要份额。

让用户满意是企业追求的目标，但让用户满意仅仅是及格水平，想让用户产生口碑仅做到用户满意是远远不够的：口碑之所以能产生，是因为用户体验远远超出了用户的预期。

5.3.2 包装体验诱惑用户

产品包装也是产品的一部分，优秀的产品包装会带给用户良好的体验。购买过苹果产品的朋友都知道，取出产品后如何处理产品精致的包装会是一个难题：扔掉吧，可惜；不扔吧，真的没什么用！而苹果公司一直把包装视作产品的一部分。

《史蒂夫·乔布斯传》中写道：“2008年1月1日，美国将D558572号专利授予了iPod nano包装盒。”用户一打开盒子，就会看到4张图片，它们说明了iPod是如何被放进像摇篮一样的包装盒里的。

2009年7月21日，D596485号专利被授予了iPhone的新包装盒——其配有坚硬的上盖以及内部光滑的塑料小托盘。早些时候，迈克·克库拉就教过乔布斯“转嫁”这一招。要知道，人们会根据封面来评判一本书的好坏，同理，苹果产品漂亮的外部装饰和包装也能说明其里面有个好产品。无论是购买iPod还是MacBookPro，苹果用户都很享受这种感觉：打开精致的盒子，产品总是以迷人的方式出现。“史蒂夫和我在包装上花了很多时间。”艾弗说，“我很享受打开包装的过程。一旦拆包被设计成一种有仪式感的程序，产品也就变得特殊起来。”

小罐茶是这几年迅速崛起的现代中国茶品牌，创立于2014年，是互联网思维、体验经济下应运而生的一家现代茶商。

图5-5～图5-7所示为小罐茶的包装设计。

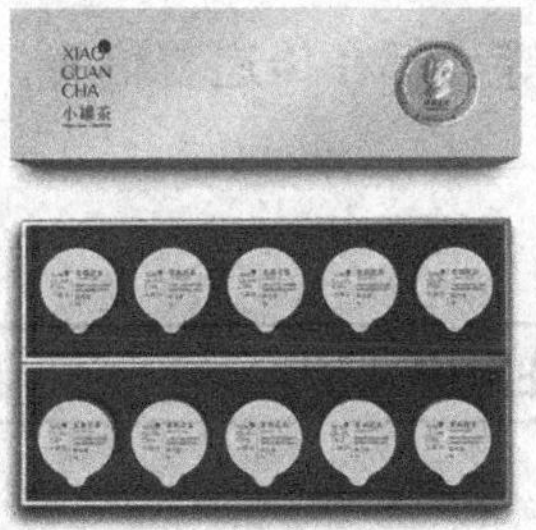

图5-5 小罐茶的包装盒

图 5-6　小罐茶的包装和茶叶展示

图 5-7　小罐茶的广告

好的包装是一种力量，会影响产品的受众。

企业应该关注的包装不只是产品包装，公司的网站、名片、宣传册、办公室的设计等，都在传递着信息，即这是一家什么样的企业。

5.3.3　服务体验留住用户

产品不会让人感动，但服务会。

好服务的要点不是规范的流程、得体的态度、礼貌的表达，而是在与用户的互动过程中，双方达成共识的一种关系。

在餐厅点菜，服务员一句提醒“你们5个人，这几道菜应该够了，多了浪费”，立刻就与顾客构建了一种关系：自己人。

服务的核心是用心，包括以下三点。

（1）立场之心： 服务者的心在哪里？是不是站在用户的角度，为用户的利益考虑，就像那位点菜的服务员？

（2）投入之心： 在服务的过程中，是否细心、周到，把用户没想到的都做到了？例如，三只松鼠为用户准备的果壳袋、湿巾、封口夹就足够用心。

（3）分外之心： 服务属于企业的分内之事，做得好会让用户满意，却不会让用户感动。只有为用户做了分外之事，用户才会被感动。

海底捞的外卖小哥，送完外卖顺便把用户门口的垃圾袋带下楼，这比美味的火锅还能触动用户。

服务的体验，是形成忠诚度和口碑的关键体验，不可不察。

5.3.4 创新体验升华用户

苹果的用户这些年有个感受：自从“乔帮主”去世、库克掌权后，虽然产品依然优秀，但总感觉少了灵魂。

苹果的灵魂是什么？是创新，是惊世骇俗的颠覆式创新！

（1）第一台使用鼠标的电脑；

（2）第一台彩色显示器电脑；

（3）第一台使用塑料外壳的电脑；

（4）第一部没有实体键盘的手机；

（5）第一部用玻璃做手机外壳的手机；

（6）第一部使用多点触控的手机。

其“果粉”购买产品不是因为性价比，是因为信仰，是对创新精神的迷恋。但从 iPhone6 开始，苹果越来越平庸。虽然它的质量依然优秀，商业依然成功，却少了灵魂。直至 2017 年的 iPhone X 才让“果粉”重新燃起热情。希望苹果公司能继续引领创新的潮流。

在这个商品过剩的时代，人们依然在追逐稀缺，这是人性使然：每个人都认为自己是优秀的，与众不同的。用户为了彰显自己的优秀和个性，需要标签，而那些优秀的、与众不同的产品就是标签。这样的产品不仅仅是品牌、LOGO、口号，而是其由内而外散发的格调、匠心和品质。

创新的目的有以下两个。

（1）制造稀缺性

不一样才会有辨识度，才会被记住，才能进入用户的“心智”。当看惯了黑白色奶牛的用户看到一头紫色的奶牛才会兴奋，并且记忆深刻。

（2）用创新提升用户体验，形成口碑

开着奔驰送外卖的黄太吉，顺丰优选 24 小时从枝头到用户的新鲜荔枝，称呼用户为“主人”的三只松鼠……颠覆式创新不是每个企业都能做到的，但微创新则每个企业都可以做到：要学会用一点点的心思换取用户一点点的惊喜。

5.3.5 销售场景体验转化用户

销售场景是影响用户并形成订单的场所，用户体验直接影响用户的购买决策，销售场景的用户体验设计和优化是企业的重要工作。

苹果公司依然是营造销售场景的大师，如图5-8～图5-11所示。

图5-8 苹果专卖店设计1

图5-9 苹果专卖店设计2

图 5-10　苹果专卖店设计 3

图 5-11　苹果专卖店设计 4

产品的售价是由用户体验来支撑的，超高的价格必须由超高的用户体验来支撑，乔布斯深谙此道。

早在 2000 年，乔布斯就决定重新考虑苹果的零售战略，不想再依赖于其他零售商销售自己的产品，要建立苹果独立的专卖店为客户提供独特的购物体验。

为此，苹果公司组建了零售专家、建筑专家团队，走上了设计完美专卖店的旅程。

用户体验关乎企业与用户交互的方方面面，在这里只是列举了一小部分。这些体验的总和就是产品的真实价值，这个价值不是工程师心中的产品价值，不是销售人员心中的产品价值，也不是企业CEO 心中的产品价值，而是产品在市场上的真实价值，决定着企业的存亡。

5.4 打造让用户尖叫的产品

新用户的获取成本越来越高，同品类的竞争越来越白热化，更要命的是在这个交通便利、信息沟通便捷的时代，赢者通吃会是商业的不二法门。因为用户的时间是有限的，用户的注意力是有限的，头部产品会成为用户自然而然的选择。

成为头部产品的制造者也是企业自然而然的选择！

5.4.1 从用户的痛点和痒点出发

产品的研发应该从解决用户的问题出发，而不是为了销售产品去挖掘和寻找卖点。

朋友圈有个团队最近在用互联网模式运作一个大米的品牌，他们的目标用户是有 2 岁～ 6 岁宝宝的年轻妈妈，这个人群的特点是以孩子为生活的中心，她们最担心的是孩子吃饭挑食、营养不良。所以，他们的产品需要解决的问题是如何让儿童喜欢。他们选择了黑龙江的五常米，而且保证是当年的新米，发货时大米是新碾不超过一周的，以保证做出的米饭香、甜、软、糯。其营销口号是“让宝宝多吃一碗饭”，直击用户的核心价值点。由于儿童用品的价格不是问题，家长为了优质的产品可以说是不惜成本，关键是品质要有保障，因此，该产品营销的效果明显。

5.4.2 用极致的态度打造产品

极致就是极尽个人和组织的资源与能力，努力把一件事、一个产品做好。

2016 年最火的一个词是“工匠精神”，工匠精神指的是一种精工制作的态度，对一个产品的每个环节、每道工序、每个细节都精心打磨、精益求精，专注、精确、极致、追求卓越。用财经学者吴晓波的话来讲，工匠精神就是：做电饭煲的，能让煮出来的米饭粒粒晶莹不粘锅；做吹风机的，能让头发被吹得干爽柔滑；做菜刀的，能让每一个主妇手起刀落，轻松省力；做保温杯的，能让每一位出行者在雪地中喝到一口热水。

为什么要这样呢？

因为不这样，就没有办法让产品脱颖而出，无法打动用户。在这个信息快速传播的时代，只有最好的产品才有机会生存。曾经我们的产品只求“短、平、快”，一味追求效率、追求低成本，最终往往会失去品质；现在不断提倡的“供给侧改革”就是要把丢掉的找回来。

但工匠精神还不是极致，只是极致的初级阶段，极致的境界源自企业创始人的内心。

当诺基亚不同型号的手机摆满每个手机卖场的两个柜台，摩托罗拉的摆满两个柜台，索尼爱立信的摆满一个柜台时，雷军的小米只有一款手机，而且只有官网一个渠道！

这相当于一家公司把所有的身家性命都押在一款产品上、押在一个通路上，这时候才能体会到什么叫极致。极致不是各种眼花缭乱的参数，而是公司的每个人为了公司能活下去、产品能火起来，所做的各种把自己逼疯、把供应商逼疯、把协作单位逼疯的努力。因为事关生死，所以怎么努力都觉得还不够。

锤子手机经历过 T1、T2、M1 机型的坎坷，罗永浩推出坚果 PRO 系列手机的各种努力让人震撼。除了标志性的工业设计，新颖的微创新让人惊艳，One Step①、Big Bang②、闪念胶囊等独创性的人机交互体验也令人叹为观止。一群极客为生存而战，展现出来的极致的能量迸发，照亮了我们的生活。

5.4.3 让用户参与产品优化

既然用户体验是产品价值的重要内容，那么用户对产品的体验才是核心。极客们做出的第一代产品，只是基于极客们内心的价值

① One Step 是锤子手机的一项全新功能，可以实现在不同应用之间的快速切换，还可以把不同应用中的内容快速分享。

② Big Bang 是继 One Step 后锤子手机的又一项全新功能，用户用拇指大面积按压手机屏幕中的文字，Big Bang 会将用户按住的那段文字全部“炸开”并按照语义拆分成易于选取的独立的字和词，方便用户随心所欲地选择、搜索、分享和复制。

体验，不是用户的。只有当产品在试销或者封闭测试的过程中，由用户使用产品并对使用体验进行反馈，产品设计团队根据这些反馈对产品功能或设计进行优化，推出的迭代产品才是基于用户体验的。用户参与优化、产品不断迭代的这个过程是持续进行的，是新商业产品研发过程中不可缺少的一环。

用户参与产品优化有两个好处：

（1）企业可以准确地捕捉到用户的需求点，设计出让用户满意的产品；

（2）通过用户的互动参与，提高用户对产品的认可度，更容易形成口碑传播。

1. 小米科技的用户参与模式

（1）用户参与测试

每周五下午：更新新一版本的 MIUI(手机操作系统)。

每周二：用户提交产品使用的四格体验报告（根据反馈，做得好的用户会获得“爆米花奖”）。

（2）用户参与设计

在产品论坛引导用户提交格式化功能需求，并添加“我也需要这个功能”的按钮，这样，紧急的功能开发需求会按照热度排在前面。

第一时间公示需求改进计划，对单点的需求进行讨论并投票。

2. 著名淘品牌欧莎女装的产品设计流程

著名的淘品牌欧莎女装在设计上遵循严格的流程，具体如下。

① 设计师创作图稿。

② 小组讨论修改。

③ 打版师打版、试穿。

④ 小批量头单生产。

⑤ 产品图片拍摄（外拍、室内拍、细节拍），网店上架。

⑥ 客户购买，客户评价。

⑦ 搜集数据，整理反馈意见。

⑧ 项目小组讨论修改。

⑨ 外包工厂批量翻单。

5.4.4 社群互动引爆传播

第一步：做爆品

好产品是发动机，同一阶段只做一个产品，并做到极致，做到这个品类的市场第一。爆品策略是新商业中重要的经营策略，iPhone 是这样成功的，小米也是这样成功的。雕爷牛腩的 12 道菜，淘品牌泡泡龙的三只熊，运用的都是爆品策略。互联网的优势就是可以在短时间集聚巨大的流量，产品少不怕，买的人多照样可以创造销售奇迹。

第二步：做“粉丝”

让弱用户关系向更高信任度的强用户关系进化，互动是核心要点。通过让用户参与产品的设计，参与迭代优化，参与产品的市场活动，使得用户和企业成为一体，这样的用户叫“粉丝”。

“粉丝”会成为产品的使用者、宣传者、销售者，是雪球中最核心的部分；只要雪道够长，最后雪球会大到你都不敢相信的程度。

第三步：做自媒体

互联网媒体就是我们滚雪球的雪道，在互联网时代，每个人都是媒体，每个人都是传播中心。

企业要鼓励和引导每个员工、每个用户都成为“产品的代言人”，通过个性化的产品、情感和价值观输出，来引导用户进一步参与互动、分享、扩散。每个用户后面都是一条关系链，这些关系链经过病毒式扩散，可以在短时间内渗透到中国的每一个角落。

5.5 品牌是最快的入口

品牌是入口，是用户选择产品时的最快入口。大部分普通消费者并没有专业能力对复杂的产品进行分析和判断，而是会选择熟悉的、亲友推荐的或知名的品牌。

例如，在菜市场，我们买土豆、白菜不需要品牌，但买洗发水、洗面奶却需要品牌，因为我们没有专业能力去判断洗发水、洗面奶这类复杂的工业品。

普通人都希望选择过程简单化，而拥有品牌就可以使用户的选择变得简单，我们的产品才能获得更多的流量和更多的订单。

5.5.1 品牌建设路径的改变

传统企业的品牌建设是由企业自上而下发动的。

（1）先做知名度。通过大量的广告宣传对产品进行曝光，让消费者熟悉产品、熟悉品牌，同时广告宣传也是做给渠道看的、做给员工看的、做给供应商看的，以增强其对企业的信心。

（2）再做美誉度。通过优质的产品和售后服务，获得消费者的认可，并通过企业的社会形象维护，获得产品的美誉度。

（3）最后做忠诚度。通过持续稳定的产品与服务以及不断的产品迭代，赢得消费者的长期信赖，并使产品成为消费者购买的首选。

新商业的品牌建设是从用户出发，品牌和产品是一体的。

（1）先做忠诚度。通过极致的产品设计打动用户，通过用户与企业在各个环节的互动获得用户的好感，最终让用户成为种子用户，成为“粉丝”，获得他们对产品的忠诚度。

（2）再做美誉度。通过种子用户在社交媒体上的口碑宣传，形成更大范围的美誉度。

（3）最后做知名度。当更多的用户在更多的渠道传播产品的美誉度时，会带来更高的产品知名度。

新的通道对广告宣传依赖更小，宣传成本花费较少，对产品和服务的要求则更高。

5.5.2 打造品牌变得更容易

新品牌的建设从产品出发，只要研发、创造出优秀的产品，吸引到一定量的忠诚“粉丝”用户，品牌即可形成，而互联网加快了这种趋势的形成。

凯文·凯利在《技术元素》一书中提出一个观点：创作者，如艺术家、音乐家、摄影师、工匠、演员、动画师、设计师、视频制作者，或者作者——换言之，也就是任何创作艺术作品的人——只需拥有 1 000 名“铁杆粉丝”便能糊口。在这里，“铁杆粉丝”是指无论你创造出什么作品，他们都愿意付费购买。他们愿意驱车 30 公里来听你的讲座，他们愿意在社交网络上关注你发的每一条消息，他们迫不及待地等着你的下一部作品问世……

微信也提出了一个口号：再小的个体也有自己的品牌。

一个订阅号作者，通过个人的才华，通过生产内容，聚集了上万的“粉丝”，并通过这个公众号平台进行商业化运作，那么这个作者就是一个品牌了。

互联网新媒体开创了一个新的时代，一个个人品牌的时代：罗振宇、徐小平、papi 酱，以及各类直播平台的主播们；他们通过自己的人格魅力，迅速地建立起了个人品牌。

这是有史以来打造品牌最容易的时代！

5.5.3 品牌意味着高溢价

品牌的形成一方面是由于用户重复消费形成的信赖，另一方面来自口碑传播的信任背书，总之是来自对企业和产品的信任。这种信任意味着较小的选择成本和较低的选择风险，为了这个较小的风险，用户愿意付出额外的代价。

同样品质的空调，消费者更愿意花多一点儿的钱购买格力的产品。

一个品牌有没有价值，要看这个品牌有没有溢价能力。

好产品会形成好口碑，好口碑会形成好品牌，好品牌会支撑好价格，好价格保证好产品，这是一个企业发展的良性循环，是我们追求的目标。

新商业的产品逻辑：互联网时代，流量越来越贵，好产品会自带流量。

第6章

传播即互动

互联网
是最大的媒体

6.1 互联网正在成为最大的媒体

2016年12月，腾讯发布了《2016微信数据报告》，一些数据非常恐怖，怪不得马云老师不淡定了，拼死也要做自己的社交媒体。拿几个数据给大家看看：

（1）日均登录用户7.68亿，注意这是日均，不是最高；

（2）50%的用户每日使用时长超过90分钟，即近4亿用户每天在微信消磨1个半小时以上；

（3）人均日发送信息74次。

何况还有新浪微博、四大门户网站、视频网站、社交媒体以及最近风起云涌的自媒体和“网红”主播们。

国外也一样，谷歌是美国广告收入排名第一的媒体。当然，还有Facebook、Twitter、YouTube。

互联网正在蚕食每个人的24小时，可人们永远一天只有24小时啊。

2016年8月，中国互联网络信息中心（CNNIC）在京发布第38次《中国互联网络发展状况统计报告》（以下简称《报告》）。《报告》显示，截至2016年6月，中国网民规模达到7.1亿，中国互联网普及率达到51.7%。更重要的是互联网的黏性越来越强，网民们每天消耗在互联网上的时间越来越长。

小米手机创业于 2010 年 4 月，2011 年推出第一款手机，2013 年全年销售 1870 万台手机，销售额达到 316 亿元，创造了企业发展速度的世界神话。

然而这个神话的创造却并不依靠广告：

在这段时间，你见过小米投过电视广告吗？

你见过小米的分众广告吗？

你见过小米的高炮广告吗？

你见过小米的杂志广告吗？

……

是的，小米几乎没有做过大规模的广告推广。

但是奇迹就是这样发生了，小米品牌广为人知，小米手机销售火爆，这靠的是互联网传播，靠的是网络口碑传播。

互联网成了传播影响力最重要的舞台，互联网正在成为第一媒体。

6.2 人人都是传播中心

2014 年以来有几个“神一样”的传播事件。

1. 冰桶挑战赛

2014 年，由美国波士顿学院（Boston College）前棒球选手发起的 ALS 冰桶挑战赛 (Ice Bucket Challenge) 在几个月内风靡全球。ALS 冰桶挑战赛要求参与者在网络上发布自己被冰水浇遍全身的视频内容，然后该参与者便可点名邀请其他 3 人来参与这一活动。活动规定，被邀请者要么在 24 小时内接受挑战，要么就选择为对抗“肌肉萎缩性侧索硬化症”捐出 100 美元。

仅仅 2 周时间，美国就有 170 万人接受挑战、250 万人选择捐款。

2014 年 8 月 18 日，ALS 冰桶挑战赛活动蔓延至中国的互联网，小米董事长雷军于 8 月 18 日下午通过微博表示，已经接受 DST 老板 Yuri 发起的挑战，并于当天完成冰桶挑战。

随后挑战赛在中国快速传播，互联网界的李彦宏、古永锵、周鸿祎，地产界的任志强、王石、潘石屹，演艺界的刘德华、周杰伦，以及“网红”罗永浩、罗振宇都参与其中，这就形成了一个现象级传播事件。

2. 一只大虾 38 元事件

2015 年 10 月 4 日，一个只有 32 个“粉丝”的网友在微博发了一条信息，大意是“虾按只算，而不是按盘算，38 元一只”。这条信息就像一只扇动翅膀的蝴蝶，引发了一场舆论风暴。

当时互联网的舆论发酵、舆论媒体的推波助澜、段子手们的火上浇油，让该市的旅游环境问题成为焦点。该市各职能部门迅速出动，开始对旅游服务产业进行大规模清理整顿。

3.papi 酱：2016 年的第一“网红”

papi 酱，本名姜逸磊，中央戏剧学院导演系学生 ，2015 年 10 月开始上传原创视频，截至 2016 年 2 月个人新浪微博有近 800 万“粉丝”，视频总点播人次 2.9 亿。

2016 年 3 月 19 日，papi 酱接受自媒体“网红”罗振宇、VC“网红”徐小平的 1200 万元投资， 企业估值 2 个亿。在罗辑思维的策划下，其首条贴片广告拍卖活动于 2016 年 4 月 21 日在北京举行，最终成交价格为 2200 万元，被电商公司丽人丽妆拍得。中国成长速度最快的个人“网红”诞生了。

这 3 起传播事件都有一个共同特征：短时间内的快速传播。

互联网这个最大的媒体，传播依靠的是“人”这个介质，人和人之间的传播靠的是口碑传播，互联网中的每个人背后都是一条关系链。这种传播会形成病毒式扩散，如图 6-1 所示。每一波扩散，都会带来指数级的下一轮传播。

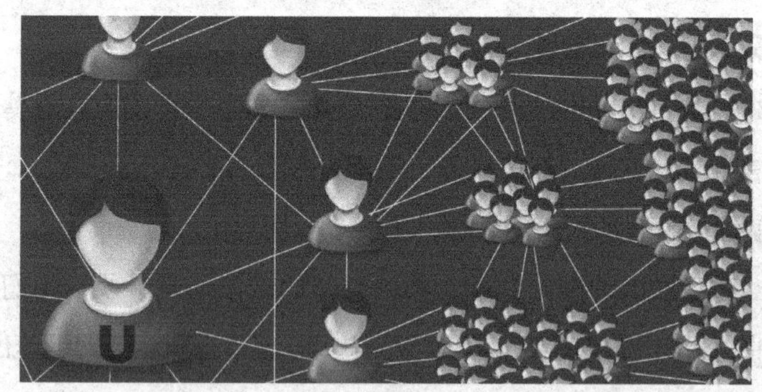

图 6-1 病毒式传播路径

下面通过一个虚拟的故事演绎一下这个传播过程：

上班路上，一辆保时捷在慢车道行进，仔细一看哪是什么保时捷，而是保时捷的“高仿”。突然，这辆车在斑马线上撞到一条流浪狗，周围的行人都吓了一跳，这司机也太过分了。没想到的是，流浪狗没事，一溜烟跑了，“高仿”保时捷的保险杠却掉了。周围的人笑声一片，随手拍照发到了微信朋友圈。这张超级戏剧化的照片会有怎样的传播呢？假设你的朋友圈有 200 个好友，每个好友也同样拥有 200 个微信好友，有 50% 看到该照片的人转发了它，那么就会看到如下的传播过程：

（1）你 =1 人；

（2）你的朋友圈好友 =200 人；

（3）200×50%×200=20 000 人；

（4）20 000×50%×200=200 万人；

（5）200 万 ×50%×200=2 亿人。

当然，这只是粗略的计算，因为忽略了重叠的人群，但同样能看到互联网传播的威力。此外，不同的事件会因为题材或人物的不同而带来不同的传播速度。

在这个传播逻辑中，每个普通人的每一次信息发布都有可能引发传播风暴，也就是人人都有机会成为大众传播的起点。

6.3 互联网时代的一切都是媒体

6.3.1 产品是媒体，好产品自己会说话

到现在我还记得第一次买 iPad 的决策过程。2010 年 7 月我在咖啡馆和朋友小聚。朋友新买了一台 iPad，把玩不止，我抢过来玩了 20 分钟，就这 20 分钟让我决定去买一台，因为 iPad 的体验太好了，超越了我之前买的所有电子产品。

没人向我推销，但 iPad 自己把自己卖掉了。

2015 年，国产动画电影《大圣归来》成为现象级产品。7 月 10 日，《大圣归来》首映，同期上映的《小时代 4》以六成的排片率占据首发优势，但这部缺少宣传推广费的国产动画电影却以一成的排片率取得首日 1850 万元的票房，两天后这部动画片就刷屏了，精美的视觉效果、流畅的故事情节、接地气的人物设计颠覆了国人对国产动画电影的传统认知。看过的人都大赞其拍得不错，极力推荐身边的朋友去看。没看过的人又很纳闷，为何一部动画电影会有这么多人为它免费宣传？第三天，院线居然因为口碑的压力把该片的排片率提升到了 19%，最终，这部以劣势开局的国产动画电影以 9.56 亿元

的票房完美谢幕。

不需要知名演员，不需要炒作，不需要巨额发行费，仅仅依靠优质的产品，依靠观众的口碑，《大圣归来》的创作团队为自己拼出了一条成功之路。

在互联网时代，传播最重要的条件是口碑，所以，好的产品应该具备媒体属性。

（1）名字好

名字好记才容易传播，如小米、雕爷牛腩、三只松鼠、瓜子二手车、闲鱼、网易考拉等。产品和服务有一个好名字，会节省很多广告费。

（2）颜值高

有设计感，追求极致的视觉效果。如苹果产品、锤子手机、无印良品、初刻、花笙记等。

（3）有故事

产品和品牌背后的故事与情感能够打动人，且易于传播，比如褚橙。

（4）体验好

超出预期的消费体验会让人产生分享的欲望。

6.3.2 用户是媒体

我这几年一直在使用某品牌手机，有一天有位同事来找我，他说也想买一部这个品牌的手机，想知道我使用的感觉如何。

这时候，我的回答变得很关键。如果我说：“没问题，非常棒的手机！”那么这个品牌就会多一个客户；如果我的回答是负面的，这个品牌就会少一个客户。这时候，我的角色就是一个媒体，而且是对目标影响力巨大的媒体，因为我有信任的背书。

每天，有无数的类似对话在发生，关于某一款家用电器、关于某一款面膜、关于某一本书、关于某一家医院等。在互联网时代，这样的对话更密集，影响的人更多，有许多产品在这样的对话中胜出，也有许多产品在这样的对话中败北。

但是，大部分的企业对此一无所知，不知为何生，不知为何死。

把用户当作媒体来经营，是企业在数字经济时代必备的基本功。

（1）当用户只是个普通用户时

首先，要精心设计用户的使用场景，这个场景应该存在更多的潜在用户。

其次，产品要有差异化，要有独特的调性，要有标志性的设计、声音、香味、色彩等，使其能在被使用的过程中影响周围的潜在用户。

在使用产品的场景中去影响周围的人。游戏《刀塔传奇》的产品经理王信文曾经提到一个开发时的小细节：他们经过研究，专门选择中午 12 点的时候给玩家推送信息。因为这个时候是午餐时间，玩家收到信息、打开手机开始玩游戏的时候，周围会有很多观众。

（2）当用户是个满意的用户时

当用户对产品和服务比较满意时，要鼓励用户晒拆箱图、晒产品图、分享使用体验，因为这些分享会正面影响潜在用户。一定要相信用户的声音比我们的声音强大 100 倍。

用户的口碑其实也是可以设计的，淘宝平台用的最多的策略就是“好评有礼，晒图返现”。

化妆品品牌梵曦诺，鼓励用户在微博上晒产品使用后的前后对比图，并对其中的部分用户给予奖励。

（3）当用户是一个忠诚“粉丝”的时候

这个时候，用户已经是志愿宣传员了，已经和企业结为一体，企业需要做的就是保持与用户的持续互动，并不断利用产品创新和品牌社群强化这种关系。

这就像小米、魅族、锤子手机做的那样！

6.3.3 CEO 是媒体

马云——阿里巴巴的新闻发言人

2016年，马云在云栖大会上发表演讲，其中讲到：“未来的10年、20年没有电子商务这一说，只有新零售这一说。也就是说，线上线下和物流必须结合在一起，才能诞生真正的新零售。线下的企业必须走到线上去，线上的企业必须走到线下来，线上线下加上现代的物流合在一起，才能真正创造出新的零售。”

接下来，新零售的概念开始流行，阿里巴巴也开始了令人眼花缭乱的新零售布局。盒马鲜生开始落地，无人淘咖啡开始试验，天猫零售通开始推广；战略上联手百联集团，收购三江超市，控股大润发。

2017年的云栖大会，马云提出“要成为伟大的企业，就要解决伟大的问题”，并宣布成立世界级研究中心“达摩院”，承诺未来五年阿里巴巴会对达摩院投入1 000亿元作为启动资金。

我们相信，接下来，阿里巴巴在技术研发领域会打出一张又一张的王牌。

刘强东——京东最核心的媒体资源

2012 年 8 月 14 日，刘强东的一条微博吹响了“有史以来大家电最疯狂的价格战”的号角。

刘强东的微博是这样说的：“今天，我再次做出一个决定：京东大家电三年内零毛利！如果三年内，任何采销人员在大家电加上哪怕一元的毛利，都将立即遭到辞退！从今天起，京东所有大家电保证比国美、苏宁连锁店便宜至少 10% 以上，公司很快公布实现方法！”

紧接着，他公布了具体实施办法：即日起，京东在全国招收 5000 名“美苏”价格情报员，每店派驻 2 名。任何客户到国美、苏宁购买大家电时，拿出手机用京东客户端比价，如果价格便宜不足 10%，且价格情报员现场核实属实，京东立即降价或者现场发券，确保便宜 10%！

8 月 15 日，苏宁、国美、易迅都非常默契地卷入这场大家电的价格厮杀，甚至一开始认为这是一场恶意炒作。当当网最后也不甘寂寞地加入战团。

“网红”董明珠

2013 年年底，中央电视台评选年度经济人物，董明珠与雷军同台，打了一个十亿元的惊天“大赌”，猛然吸引了大众的眼球。

从那以后，董明珠也越来越自由，越来越引人注目，讲话的声音也越来越大。随后，她宣布自己为格力空调代言，其形象在各个媒体频繁亮相，甚至还将自己的照片作为新上市的格力手机的开机屏幕图像。

于是，“网红”董明珠诞生了！

董明珠不是一个有娱乐精神的人，她不苟言笑，甚至有些刻板。但她最吸引人的地方是对中国制造的执着、对工匠精神的痴迷。她坚决呵护着格力的利益，她的认真，她的不顾一切，是如此“性感”。

作为一个空调用户，这样的制造商才让我们放心！

马云、雷军、周鸿祎、王石、潘石屹等无不是其公司的代言人，他们身上绽放的人格魅力，成了企业的标签，成了企业品牌的重要部分，而且传播成本更低，穿透力更强。

这些“网红”CEO给品牌带来了前所未有的东西：温度感。

没有温度的品牌将是没有生命力的。品牌的人格化将是互联网时代品牌重新定义的新课题。

6.3.4 员工是媒体

2011年，阿里巴巴员工吴菊萍被评为“感动中国2011年度人物”。

吴菊萍是阿里巴巴（中国）集团有限公司社会责任部员工。2011年7月2日中午，吴菊萍有事外出，走到白金海岸小区门口，忽然听到楼层高处传来呼喊声。在22幢2单元10楼，一个小孩的一只脚已经伸出了窗外，整个身体悬空，快要从窗台滑落了！吴菊萍飞快地跑到孩子垂直位置的楼下，伸出双臂，稳稳立住，用双手接住了不幸坠落的孩子“妞妞”。孩子得救了，而她的左手尺骨和桡骨出现多段粉碎性骨折。

事后，吴菊萍被广大网友称赞为“最美妈妈”，并获得了“全国道德模范见义勇为模范”称号、全国及省“三八红旗手”、浙江省“见义勇为勇士”、浙江省“浙江骄傲”人物、杭州市“道德模范（平民英雄）”人物。

企业的每位员工，都是企业的代表，员工行为得体，代表企业得体；员工行为不端，代表企业行为不端。

同样，员工在网络上对公司年终奖的吐槽，可能就会影响到企业第二年的招聘工作。

在互联网时代，每个人的影响力都在放大，企业的员工在社交媒体上的言行都会或多或少地与企业相关，这些言行都会影响企业的形象。

对员工言行的规范和约束，是企业的必修课。

6.4 互联网营销的本质是引爆社群

2007 年年初，整个世界都被一只北极熊幼崽的遭遇惊呆了，这只名叫克努特（Knut）的小北极熊刚在柏林动物园出生，就被妈妈抛弃了。在人们的关心和照料下，它活了下来，越长越大，后来竟成了明星。克努特有自己的“博客”，经常在电视节目中亮相，还有强大的“粉丝团”。克努特与著名演员莱昂纳多·迪卡普里奥一起登上了2007年《名利场》杂志的封面，封面照片由知名摄影师安妮·莱柏维兹（Annie Leibovitz）拍摄。克努特不但出过书、吸引了大批的游客，人们甚至还以它为原型创作了一部卡通电影。

在这些游客中，有一位就是加拿大旅游局德国办公室的负责人。他给克努特送了一只亮红色的印有加拿大旅游局标志的球。于是克努特玩球的照片出现在了世界各大媒体的版面上，如图6-2所示。接着，这些可爱的照片便在博客圈里流传开了。没过多久，柏林动物园与加拿大旅游局共同主办了一次比赛，最后挑选了一名幸运赢家到加拿大的马尼托巴省去亲身观察北极熊在大自然中的真实生活。

图6-2 “网红”克努特

结果如何呢？一只亮红色的球和一只可爱的小北极熊使加拿大的北极熊观光游收入迅速增加了20%，德国、日本和世界其他地方的游客突然开始涌向这个地球上最寒冷的地方之一。

克努特是一位互联网明星，围绕在这位动物明星周围的“粉丝”形成了一个社群，这个社群拥有一个共振点：北极熊。

加拿大旅游局发现了这个社群，这个社群也是其目标用户群，于是用一只亮红色的球开始了社群营销的过程，以极低的预算取得了20%的业绩增长。

6.4.1 消费者正在不断圈层化

一次，我的几位同学坐我的车一起去吃饭。在车上，我放了我喜欢的民谣歌曲，在享受音乐的过程中，也期许着同学们对我的品味的赞赏。突然有位同学说：“换一首吧，这歌太难听了。”瞬间，我开车撞树的心都有了。这事给我的印象如此深刻，使我再次懂得人和人是如此不同，而且这样的不同是很难改变的。

女生小A和女生小B是同班同学，但小A购物喜欢去楚楚街，小B喜欢淘宝；小A喜欢追美剧，小B喜欢追韩剧；小A用兰蔻化妆品，小B用佰草集。虽然她们是同班同学，但她们的世界却如此不同。

在每天的地铁上面对面站立的上班族，他们住在不同的小区，在不同的写字楼上班，听不同的歌，关注不同的微信公众号，穿不同品牌的鞋子。他们面对面而站，却属于不同的世界。地铁车厢里投放的广告，对一部分乘客来说就是干扰，而对另一些乘客来说则是有帮助的信息。

互联网强化了这种不同。在社群中，人是重要的媒体，通过关注、分享或拉黑，让自己的世界越来越纯粹。在互联网上，人们不用像现实世界一样去忍受令自己不舒服的存在，而是可以构建一个只属于自己和同类们的圈层。

中国互联网的历史就是一部社群演进变迁史——从最早的BBS、QQ群到贴吧、豆瓣、微博，以及现在的微信、QQ兴趣部落等。

通过关注、分享和拉黑三个动作的积年累月的筛选，具有共同特征的人慢慢聚集在了一起，通过圈层互动，形成紧密的关系，我们称此为社群。互联网世界慢慢开始由无数边界清晰的互联网社群组织构成，我们称此为“去中心化”。

6.4.2 社群传播的三大元素

品牌社群化成为企业运营的新功课，社群运营的三个办法是“有态度的内容、圈层化互动、互利共享”。这都是传统企业不擅长的。

有态度的内容

品牌二字由“品”（独特的态度和个性）和“牌”（知名度和影响力）构成。企业的产品有态度，才会散发出独特的魅力，才会吸引对这种态度有感觉的用户，从而使具有共同特征的人群聚集。

苹果手机的态度：不同凡想（Think different）。

小米手机的态度：为发烧而生。

锤子手机的态度：生而骄傲。

网易严选的态度：好的生活，没那么贵。

圈层化互动

不是自上而下的告知，而是企业和用户之间的互动，用户和用户之间的互动。通过互动产生参与感、温度感、归属感，互动让人群变成社群。互动的方式有以下几种。

- 新品发布会。
- 官方论坛。
- 官方微博。
- 线下聚会。
- 网络直播。

互利共享

社群中的每一位成员都乐于无私地分享，通过分享获得归属感，并会因为群友对所分享内容的点赞和认可而获得巨大的成就感。每个人都会从他人的分享中获得价值，分享让社群的价值达到最大化。

6.4.3 点亮社群的逻辑和方法

互联网营销的第一步：将能够引起社群共振的情愫，用精致的创意，在精心选择的场景引爆。

互联网营销的第二步：将社群的共振，用精心设计的互动放大和引导，并导向更高维度、更大范围的互动。

互联网营销的第三步：在这场大规模的传播中，有意无意地将产品和品牌植入，记住可以用调侃的、自黑的方式。

学习几个模范生的作业吧！

1. 凡客体引爆的传播

2010年7月，凡客诚品邀请了韩寒和王珞丹作为品牌代言人，以极富个性的口吻和非常自我的表达方式，发布了以下两条平面广告。

韩寒版

爱网络，爱自由，

爱晚起，爱夜间大排档，

爱赛车，也爱29块的T-shirt，

我不是什么旗手，

不是谁的代言，

我是韩寒，

我只代表我自己，我和你一样，

我是凡客。

王珞丹版

爱表演，不爱扮演；

爱奋斗，也爱享受；

爱漂亮衣服，更爱打折标签。

不是米莱，不是钱小样，

不是大明星，我是王珞丹。

我没什么特别，我很特别，

我和别人不一样，我和你一样，

我是凡客。

凡客体反传统的调侃，触动了年轻网民们的内心，这次传播不是产品的传播，而是一种生活态度的表达，而这种态度引起了当下社群个体的共鸣。随后“凡客体”在网络上被疯狂模仿和恶搞，各路名人纷纷参与其中，凡客官微通过转发恶搞作品、和网友互动，让这次传播达到了高潮。

点评：

有个性、有态度的表达是兴奋点，创新性的表达方式是引爆点，高强度多维互动是高潮点。

2. 韩后和王祖蓝的“爱情故事”

2016 年，韩后启动“919 爱购节”的网络推广，以现象级话题为核心，从最具大众话题性的娱乐圈爱情切入，邀请王祖蓝、李亚男夫妇参与了微电影录制，从男女不同角度分享爱情如何保鲜，在其中植入“Baby 白”产品，实现产品造势，并通过随后的电商渠道深度互动达到了促销的目标：微电影播放量超过 6000 万，社交话题互动量超过 2 亿人次，同时创造销售奇迹——淘宝网当月本土品牌销量第一，天猫直播单天最高销量 950 万元，唯品会渠道增长 7 倍。

其启动步骤是这样的：

（1）蓄势。

通过短视频自媒体二更首发社会实验纪录片《爱，还能触摸得到吗？》，邀请 20 对不同年龄层的情侣进行蒙眼摸脸识爱人的实验。

（2）高潮。

首条微电影《娱乐圈的爱情》上线，王祖蓝、李亚男分别从男性与女性的角度，结合自己的经历讲述对爱情保鲜的看法，引发共鸣，传递“时间留白，一生 Baby 白”的主题。

（3）收割。

在聚划算 99 大促和唯品会“909 美妆节”上，首席创意官王祖蓝通过各种方式进行直播促销。邀请王祖蓝代表韩后出席天猫“双 11”晚会，为品牌赢取包括“必买单品推荐”在内的重磅“双 11”推广资源。

点评：

用爱情保鲜的话题直抵人心，用王祖蓝夫妇的影响力引爆话题，通过电商渠道收割社群注意力。

第7章

渠道即触点

打动用户的触点
就是渠道

7.1 触点的商业意义是什么

既然用户是企业唯一的资产，那么如何打动、转化、留住用户就成为了最重要的“战斗”，这些“战斗”发生在用户和我们接触的每一个瞬间：广告、产品、包装、店铺、导购、配送、服务、口碑，甚至员工的名片。这些瞬间就是触点，触点（Touchpoint）就是用户在与我们的企业发生联系过程中的一切沟通与互动点，包括人与人的互动点，人与物理环境的互动点等。

触点之所以重要，是因为在新商业时代，用户体验决定品牌的成败，用户基于他们在触点上的累积体验而形成对品牌的认知。而这种积极或消极的认知将直接影响用户的行为和选择。

企业经营者必须完成一次思维升级，围绕用户的服务优化不再是成本中心，而是利润中心。

我是一个爱读书的人，但我很少在某网店买书，我的消费偏好源自两次在该网买书的不愉快的经历：两次都是包装磨破，书籍受损，虽然这并不影响书籍的内容，但给人的感觉非常不好。我是个理性的人，我知道该网店的总体物流体验是不错的，我的经历只是偶然事件；但我同时也是个感性的人，在该网店不完美的购物过程让我选择了其他的网店。

触点有以下三大功能。

1. 吸引潜在用户的注意力

获得潜在用户的关注是一切的开始，通过数据分析，精准定位用户，选择准确的触点，用有创意的内容或活动吸引潜在用户。

2. 传递品牌价值点

这个价值点既包括产品的差异化卖点，即产品本身与众不同的价值，也包括品牌的态度和价值观。

3. 捕获用户，形成转化

在传统商业中，形成订单的场所只能是店铺卖场，但互联网技术的发展让任何一个触点都能产生订单，尤其是二维码技术的引入，让每个触点都可以变成入口，这是互联网给商业带来的最大的转变。

分析和挖掘业务流程中的重要触点，并经营管理好这些触点，是企业转型升级的核心步骤。

7.2 核心触点的挖掘

每个行业的模式不同，业务流程不同，与用户的触点自然也不同，接下来就几个典型场景进行分析。

7.2.1 网店

以网店为例，大致梳理一下流程，从用户接触推广广告，点击链接访问网站，挑选商品、售前咨询，到在线支付、快递派送、产品应用、用户评价、售后服务和各种（社会化）媒体上的互动传播都是触点，如图 7-1 所示，这些都是值得认真分析和运营管理的。

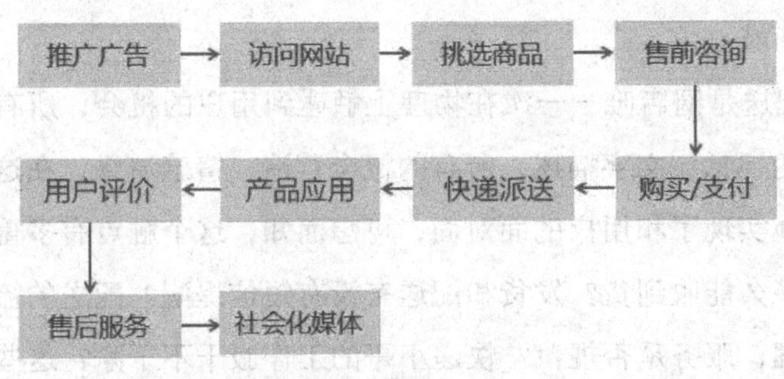

图 7-1 网络购物流程图

在电商流程中有以下 4 个关键触点，涉及人与人的互动，互动信息丰富，影响力大，更容易产生或好或坏的用户体验。

核心触点 1：售前咨询

大部分人买东西之前有咨询交流的习惯，尤其对于服饰类等非标品，一定要每个疑问都得到解答才会下单。这个购买习惯导致在电子商务公司中客服（在线导购）是人数最多也是非常重要的一个岗位。对淘宝平台来说，旺旺几乎和支付宝一样重要。人与人直接的咨询、答疑、侃价，甚至家常聊天，都会直接影响转化率，买与不买，就在一念之间。客服人员的响应速度、专业程度、销售技巧是这个触点质量得以保证的前提。

核心触点 2：快递派送

在国内，大部分电商公司的产品配送都依赖第三方快递公司。电商公司负责打包、装箱等，配送是依赖外部服务来实现的，外部体系的诸多不可控性给整体服务品质带来了影响：店铺有多少差评是因为物流服务，而商家却又无能为力。京东一直以来坚持自己控制递送环节，并为此投入巨资，如今物流配送优势成就了京东商城。

配送是网店唯一一次在物理上触碰到用户的机会，所有的互联网的视觉、文字描述，所有的概念营造、情感演绎，在这一刻真正地实现了和用户的面对面，可想而知，这个触点有多重要。用户多久能收到货？发货和配送有没有短信提醒？配送的流程是否合理，服务是否规范？快递小哥的工作服干不干净？这些都是体验的一部分。当然，好的体验价格也贵，顺丰速运的质量有口皆碑，但运费也是最高的。当电子商务公司选择第三方物流服务时，除了考虑价格，别忘了这也是最重要的用户触点——许多用户再也没有重复购买可能是与你雇佣的快递公司有关，而你却对此一无所知。

更重要的是，物流配送不仅是完善体验的用户触点，从战略上来说，物流配送也可能成为重要的流量入口。高效的配送体系加上其背后的仓库和数据中心，会形成一个入口。正是基于此触点的巨大价值，顺丰速运切入电子商务领域后，阿里巴巴别无选择地启动物流配送项目“菜鸟物流”。

核心触点 3：售后服务

对用户来说，与售后部门打交道是一件令人头疼的事情，因为个别商家会想方设法推卸责任，即使承认问题，退换货流程也复杂冗长，各部门推诿扯皮，解决问题需要很长时间。

这类商家都没有认识到一个重要问题：售后服务是与客户建立强关系的重要通道，是维护用户忠诚度的最后一道防线。

客户每一次“打扰你”，其实都是一次机会，一次弥补失误的机会，一次感动用户的机会，一次获得用户忠诚的机会。

通常，用户在售后服务环节会有如下不好的体验。

（1）服务流程很复杂，信息不明晰。

（2）服务人员推卸责任，或者服务政策设置有“陷阱”，对消费者不利。

（3）服务政策、服务态度可以，但是问题解决不力。

核心问题在于，企业管理层没有认识到售后服务对企业品牌和用户维护的重要价值，售后部门在组织架构里面不被重视。同时，在技术支持、系统建设和团队培训上投入不足。

核心触点 4：社会化媒体

我们的用户将会以社群的形式聚集和互动，社会化媒体是核心媒介，公众号、微信群、微博、微淘、大众点评、贴吧、豆瓣等都是企业的阵地。

用户不需要看满屏的广告，用户希望能和企业进行真正的对话。

用户之间也需要就产品的使用心得进行交流，分享彼此的经验。

用户渴望的是交流、倾听、感知和行动反馈。这就是社会化媒体的价值所在。

7.2.2 实体店

实体店是重体验的场景，在与电子商务的竞争中，实体店存在劣势，如产品种类不够丰富，顾客的时间成本比较高（要逛，要走），店铺的经营成本高（房租、人员）。但实体店的优势也同样明显，那就是丰富的体验，具体如下。

- 视觉体验：个性化的店铺设计，精致的产品，舒适的灯光。
- 触觉体验：产品可以触摸，真实感受产品的质感。
- 嗅觉体验：香水、皮革、烘焙面包等的味道。
- 听觉体验：氛围音乐，导购的声音。
- 味觉体验：试吃、品尝的体验。
- 情感体验：在与店员的互动中，感受服务的品质。
- 因此，真实体验是实体店铺唯一的优势，对体验优势的忽视是传统实体店陷入困境的根本原因。这几年以雕爷牛腩为代表的新店商们，无一不是从体验入手，因此，实体店对用户触点的经营应该是战略性的。

实体店的核心触点包括环境触点、产品触点、服务触点、员工触点、技术触点等 5 项，如图 7-2 所示。

环境触点	产品触点	服务触点	员工触点	技术触点
商圈选址	产品设计	迎宾环节	基本条件	在线预订
装修细节	产品定价	推介环节	必备素质	在线下单
商品陈列	产品内涵	收银环节	着装要求	无卡支付
气氛营造		送宾环节	服务态度	适时提醒
				积分体系

图 7-2　实体店的核心触点

核心触点 1：环境触点

触点从大环境开始：店铺好不好找、店铺装修有没有吸引力、有没有停车位？

进入店铺，店铺气氛的营造，包括色彩、气味、灯光和特定节日的呈现，装修的调性、色彩、细节，产品的陈列，每一个细节都在释放影响力，告诉消费者这是一家什么样的店，值不值得花时间逛。

我们来看看星巴克咖啡的店铺陈设，如图 7-3～图 7-6 所示。

图 7-3　星巴克的 Logo

图 7-4　星巴克的店门

图 7-5　星巴克的大厅

图 7-6　星巴克的饮品

核心触点 2：产品触点

产品设计包括产品带给用户的视觉、触觉、嗅觉和味觉等感受，还包括制作产品的过程展示。

产品内涵指的是产品想要传达的理念、情愫。

图 7-7 ～图 7-10 是一家叫作“原麦山丘”的烘焙店展现出的产品触点。

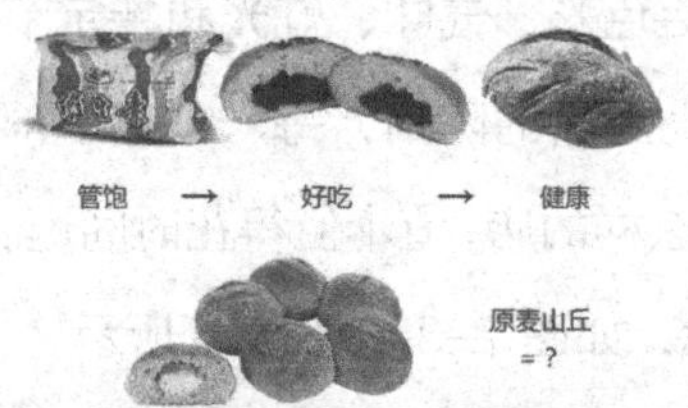

图 7-7　原麦山丘 = 健康 + 好吃

图 7-8　原麦山丘的面包

图 7-9　原麦山丘的面包

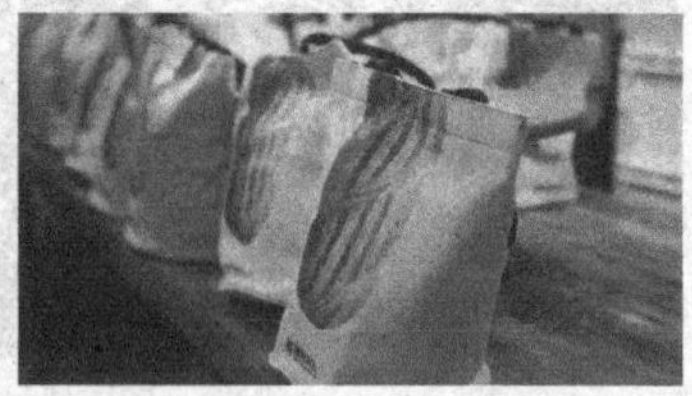

图 7-10　原麦山丘的包装袋

核心触点 3：服务触点

服务除了导购、付款，收银环节，还包括产品打包、装袋等收尾服务。

我们来看一下优衣库专卖店（见图 7-11）的服务细节。

（1）衣身和衣架上都有明显的尺寸标识，顾客不用翻吊牌查尺寸。

（2）堆放着的衣服 S 号永远在最上，往下是 M 号，再往下是 L 号，最下面是 XL 号。

（3）购物袋的胶条贴上去之后还会再折一下，方便顾客撕下。

（4）雨天，店员会在购物袋外面再套一个塑料袋，以保护衣物不被淋湿。

（5）每个独立的试衣间里都配有镜子。

（6）签单时，店员会刻意让笔尖对准自己，让客人使用起来更顺手。

（7）如果顾客使用信用卡签单，店员会特别留意顾客的签名，在说“祝您购物愉快”之前，刻意加上顾客的称呼。

（8）店员会叮咛购买牛仔裤的顾客：“请注意和浅色衣服分开洗。”

（9）店员秉承微笑服务，但绝不在顾客身边给建议。

（10）在店铺里，每个店员和顾客擦肩而过时，都会说：“欢迎光临优衣库。”

图 7-11　优衣库专卖店

核心触点 4：员工触点

很多企业认为店员只需完成日常工作即可，忽视了店员的形象、气质和态度对品牌的影响。在这一方面上，海底捞店员的服务无疑是行业中的典范，如图 7-12 所示。店员是最重要的用户触点之一，企业应依据品牌定位确定店员招聘的基本条件并制定培训标准。

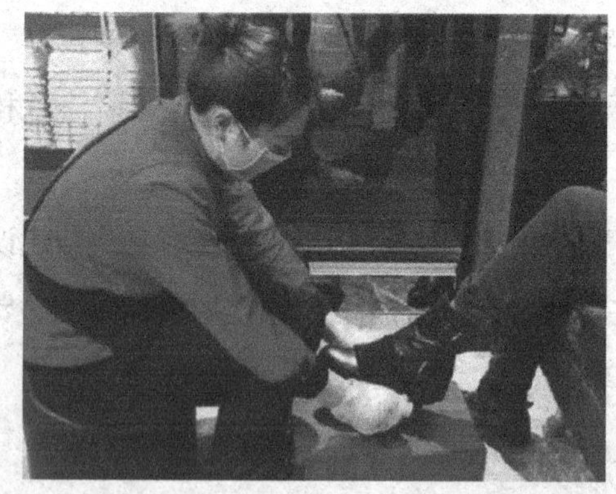

图 7-12　海底捞店员正在为排队的顾客提供擦鞋服务

核心触点 5：技术触点

在数字时代，零售发生了巨大的变化，在传统零售中，顾客付钱并走出店铺，就意味着服务的结束。但现在，互联网技术为我们带来更多的机会：在线预订、线上支付、用户社群的线下引流、会员积分系统的运营和管理等。原麦山丘的微信公众号页面如图 7-13 所示。

图 7-13　原麦山丘的微信公众号页面

7.3 用户触点的特征

7.3.1 触点碎片化

由于互联网这个超级媒体的存在，企业与用户接触的点是大量的和分散的，按照接触的深度可分成以下四大类。

1. 搜索（search）期

企业新闻、百度百科、百度知道、百度贴吧、官方微博、产品软文、产品论坛、网络评论、网店、实体店、产品口碑、品牌知名度、企业广告、宣传资料、产品用户等，都是这个时期的有效触点。

2. 卖场（site）期

店铺的外观设计、内部陈设、促销海报、产品陈列、促销堆头、网店首页、产品详情页、买家评价等。

3. 导购（shopping）期

导购人员的仪表和谈吐、导购人员的咨询服务、导购人员的服务态度、在线客服的专业性和服务态度等。

4. 售后（satisfaction）期

以订单形成为边界，订单产生后的触点包括拍下未支付提醒、发货提醒、配送提醒、快递配送、快件签收提醒、好评红包、晒单红包、退换货服务、会员服务、上新时的老顾客活动、会员日活动提醒等。

触点多而且松散，但每一个触点产生的体验，都会对品牌形象、销售业绩和用户忠诚度有或大或小的影响。

7.3.2 触点渠道化

渠道是产品展示和成交的场所，传统商业对渠道的依赖非常重，有“得渠道者得天下”的说法，传统的渠道由于其稀缺性，建设成本极高。

在互联网时代，在新商业模式中，海量的碎片化的触点会成为一个一个的通路，使企业和用户进行沟通，并形成交易。

用户通过百度搜索关键词，找到企业官网，完整了解了企业的产品细节，并通过官网的商城采购商品，这时候企业官网就是渠道。

用户在 1688 搜索产品，进入某店铺页面，浏览产品，在线沟通，下单、支付，这时候 1688 上的店铺就是渠道。

用户在电梯内看到某产品的广告海报，对该产品产生兴趣，通过扫描海报上的二维码，进入网络商城进行购买，这时候电梯广告就是渠道。

小张想买一部小米手机，询问使用小米手机的同事，听了同事的建议买了最新款的小米手机，这时候小张的同事就是小米的渠道。

企业精心打造的新品发布会，通过互联网媒体和“粉丝”的传播，也会成为核弹级的用户触点，苹果、小米、锤子都是这方面的高手。

甚至一张名片，也会成为渠道。图 7-14 所示是乐纯酸奶公司员工的名片，名片正面是员工姓名、联系方式和乐纯微信公众号的二维码；背面有 4 种图案，分别对应其 4 种口味的酸奶。

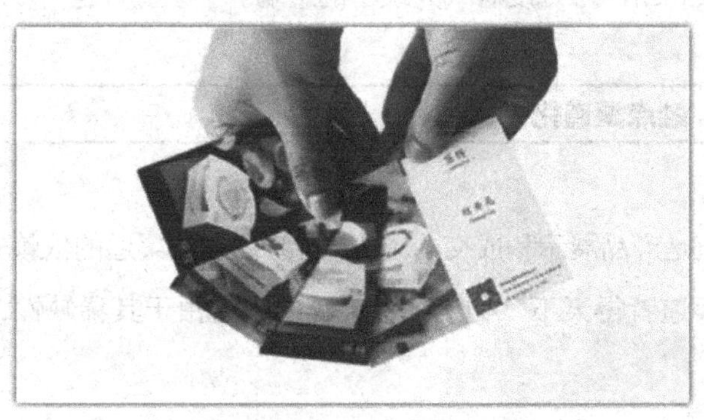

图 7-14　乐纯酸奶公司员工的名片

乐纯 CEO 是这样描述其与人互换名片的场景的：

> **你好，这是我的名片，可以用来在门店直接兑换 1 种口味的酸奶。我们的口味有 4 种，你可以挑选一个你最喜欢的。**

使每个碎片化的用户触点都能成为企业的渠道，这就是新商业文明的愿景。

7.4 触点的运营和管理

7.4.1 设计更多的触点

既然每个触点都是一个渠道，那么更多的触点就意味着更多的渠道，丰富的触点会带给用户更立体、更丰满的体验，获得的用户会更多，用户的黏性也会更强。当然，更多的触点管理也意味着更多的成本，但信息技术会降低触点的管理成本。

许多传统企业的用户触点非常少，甚至连自己的网站也没有，即使有也非常简陋，信息更新慢。在浩瀚的互联网上，没有触点就意味着企业获取资源和能量的能力非常弱小。

对很多企业来说，第一步就是尽可能地增加自己的用户触点，甚至去无中生有地创造触点。

在生活中，我们应该会注意到，有不少社区药店为社区居民提供免费的测血压、测血糖服务，看起来和卖药没什么直接关系。其实这个检测服务就是为药店增加了一个用户触点，这个触点提升了药店的形象，也给药店带来了更多的潜在用户（对健康状况更敏感的人群）。

我有位学生在江苏开了一家母婴用品商店，他在店里添置了几台儿童游乐设施，免费提供给社区的儿童们玩，这些游乐设施同样是新的用户触点。

当然，企业最重要的触点有两个：一个是产品，一个是用户。

苹果公司每一款惊艳的产品，力求打动每一个接触产品的人，每一个使用苹果产品的用户都会把产品的优秀体验传递给周围的人，这也是苹果公司成功的关键。

原麦山丘的产品也非常有特色，它们的面包很大，一个人吃不掉，于是原麦山丘提出“用心感受，分享幸福”的口号，鼓励用户和朋友们分享面包（见图 7-15），这样面包和顾客都成了触点。

图 7-15　用心感受，分享幸福

7.4.2　增强每个触点的影响力

每一个用户触点都是有使命的，那就是为用户提供完美的体验，传递品牌价值，因此精心设计每一个触点，把每一个触点的影响力做到最大是企业的使命。

极致是把触点的影响力做到最大的唯一方法。极致不是做到最好，而是做得超出预期。

在雷军的互联网思维七字诀中包含了“极致”：小米手机为找到一张开机界面照片，会从图片库的几十万张图片中筛选；小米电视的遥控器只有 11 个键，而且可以盲操作，而其他厂商的遥控器都是 40 ～ 100 个键；小米自主研发了超薄的电视背光模组，有效地控制了成本，因此，小米超薄的全金属的 48 英寸电视价格只有 2990 元，而传统厂家当时只能做到最低 7000 元。

原麦山丘之所以专门邀请日本建筑设计师青山周平，亲自操刀西单、华贸和三里屯的门店设计，就是为了提升消费者的购物体验，让消费者觉得，在原麦山丘这么美的门店里，在原麦发酵的香气中，即使排队等候也是一种享受。

7.4.3 所有的触点都导向同一个目标

触点虽然是碎片化的，但每一个触点通过统一的信息平台，都应该导向同一个目标。

在新商业中，没有线上和线下的区别，线上的百度贴吧是触点，线下的电梯广告也是触点，天猫店是触点，万达广场店也是触点。

用户在哪里，触点就应该出现在哪里，围绕用户，提供完美的体验。

信息平台是所有触点的中枢，那统一的信息平台是什么呢？

触点管理系统：TPM

这是我个人独创的一个词，目前，还没有这样的管理系统。但每个企业有这么多的触点，需要统一的管理。

触点管理系统可以监控、分析每个触点的数据，并形成综合性报表，管理者把这些表格中的信息作为下一步的决策依据。

用户关系管理系统（客流）：CRM

每个触点吸引来的用户都由统一的 CRM 进行管理，统一的会员体系，统一的积分系统，统一的用户维护。

与传统的 CRM 不同，CRM 系统的目的不是促销，而是使用户享受更好的服务。通过大数据提供更贴心的服务，通过会员体系让优质的用户享受优质的服务。

企业资源管理（物流）：ERP

每个触点都可共享实时数据，统一库存，统一价格，统一配送。

这样才能保证生产系统对市场的敏感度和响应度，保障高效的物流效率。

与传统的 ERP 不同，系统不再以生产为核心，而是以用户需求为核心。

在线支付系统（资金流）：Online Payment

各个触点形成的订单，通过统一的支付系统进行管理。

这才是新商业的管理状态，这里没有电子商务，没有传统企业，有的只是新商业，新未来。

第8章

数据即动力

数据是
精准商业的基石

8.1
数据就是一把钥匙

一直以来，存在一个困扰古人类学家的难题，那就是：人类是从什么时候开始穿衣服的？我们都知道，人是从猿猴进化来的，人类的祖先从赤身裸体到穿上衣服，是文明进步的一个巨大标志。那么，衣服究竟是什么时候穿上的呢？

找到证据太难了，因为衣服的材料是动物皮毛或者植物纤维，这些物质太容易腐烂，根本不可能留到今天。找不到衣服，科学家又去找其他的周边证据。比如，在4.7万年前的一个洞穴里，考古学家发掘出了动物骨头做成的骨针。这说明人类在4.7万年以前就开始用骨针缝制衣服了，但这些证据并不理想，因为在骨针出现之前，人类也许早就用兽皮遮盖身体了。

1999年，德国的遗传学家马克·斯托金，发现伴随人类的进化过程，有一种动物始终伴随在人类左右，那就是人体寄生虫——虱子。

寄生在人身上的虱子分为两种，一种是头虱，寄生在头发里；另一种是体虱，寄生在衣服里。体虱是人类开始穿上衣服后，从头虱进化而来的。马克·斯托金想，如果通过DNA测序，能够确定头虱、体虱分化的年代，不就可以找出人类穿上衣服的年代了吗?

于是，斯托金收集了12个国家的头虱和体虱，从埃塞俄比亚，到厄瓜多尔，再到新几内亚。他通过DNA测序，分析出了头虱和体虱分化的时间，是10.7万年前。这是2003年得出的结果。

到了2015年，佛罗里达大学自然历史博物馆的研究人员又用同样的办法重新采集了数据，得到了更精确的结果，是17万年前。

更神奇的是，科学家继续对虱子进行基因测序，还得出了很多有意思的结论。例如：

1300万年前，灵长类动物身上的虱子发生了一次分化。这是因为一部分灵长类动物留在了树上，另一部分被迫从树上下来，在草原上生存。

600万年前，又发生了一次分化——一种虱子寄生在黑猩猩上；另一种虱子寄生在南方古猿上，这就是人类的祖先。

10万年前，智人走出了非洲大陆，向世界各地迁移。

想不到吧，小小虱子的DNA里，居然隐藏着一部浩荡的人类演化史。

凡发生过的事，都是一个永不消失的数据包，只不过暂时没有解码这个数据包的钥匙而已。

8.2 关于数据的商业故事

8.2.1 ZARA 是如何成为服饰企业世界第一的

杭州的服装产业非常发达，四季青服装市场的销售网络覆盖全国，在服装老板的圈子里一直流传一句笑谈：我们生产的服装里，有一半最后是卖不掉的，但我们不知道是哪一半。

时装是一种创新产品，具有流行性和季节性的双重特征，产品生命周期短，更新换代快。产品推出市场之前，其需求难以预测。某款产品有可能十分火爆，火得断货；也可能完全无人问津，造成大量库存。而国内许多服装企业还在采取订货会模式进行销售，在销售旺季的前 4 ~ 6 个月就开始设计生产，对市场需求的预测，其“赌博”的成分非常高。

ZARA 实行完全的数字信息化管理，尤其是“大数据”扮演了关键的角色。

生产什么，生产多少，谁说了算?

ZARA 不像其他服饰公司——设计师先设计出产品，然后是订货会，再组织生产，而是遵循市场导向原则：市场上流行什么，用户需要什么，就生产什么。

一般快时尚品牌每年最多出 5000 多款设计，而 ZARA 每年至少要出 2 万多款。

行业数据、竞品数据说了算！

每年 ,ZARA 的 600 多名设计师频繁出入巴黎、纽约等各大时装周，也会潜入东京、上海等街头捕捉时尚气息。这些设计师通过随身所带的笔记本电脑将时尚信息迅速传回总部。然后马上有专业的设计和买手团队对搜集到的流行元素进行重新组合，从改版设计到出库，整个流程不超过 15 天。

销售数据说了算！

ZARA 门店的店长每天有一个考核值，向全球数据中心提供当天有多少件衣服被试穿，哪件衣服被多少人选进了试衣间但没有被购买，原因是什么？它的试衣间可以记录试衣的情况，甚至衣架上也装了传感器——ZARA 在通过不同方式来收集数据。

每家门店 POS 机的数据实时回传数据中心，ZARA 的快销品最多消耗两周就进行补货。通过 POS 机的数据，设计师形成了一个巨大的知识库：客户最喜欢什么衣服、为什么衣服被多次拿起而没被购买。ZARA 据此用最快的速度对衣服进行修改，然后将改后的衣服投入专卖店。

8.2.2 创造销售奇迹的“天猫小店”

作为杭州首批“天猫小店”试点的维军超市来说，改造对店铺经营数据的拉升较为明显，销售额环比提升了 45%，客流量环比提升了 26%，预计全年毛利将增收超过 40 万元。

对一个社区超市来说，这个改变是相当惊人的，到底是什么带来了这些变化？

1. 通过阿里数据，优化产品结构

阿里强大的大数据，会根据周边人群、店主画像计算出最适合该店铺的货品，将小店流量实现销售最大化。

2. 小店的经营实现数据化

升级后的维军超市能实时查看店铺的每日销售额、库存等数据，甚至根据后台数据，店主还能查看店铺的商品销售排行，哪种商品更畅销就可以多补一些货。

3. 提升店铺供应链效率

社区超市过去基本通过“二批”或“三批”进货，而现在通过“零售通”直接对接天猫平台的大卖家资源，降低了进货价格，提升了进货效率。

8.3 精准是新商业的重要特征

8.3.1 中国经济已经进入个性化消费阶段

改革开放40年以来，中国经济获得了空前发展，从商品短缺阶段进入到商品丰饶阶段，期间中国普通百姓的消费也经过了四次消费升级。

第一次：解决了温饱问题，吃饱穿暖成为可能。

第二次：普通家庭实现了冰箱、彩电、洗衣机三大件的购置。

第三次：3C电子、家用轿车、住房成为消费热点。

第四次：文化、教育、健康成为消费增长点。

当下消费的重要特征有以下几个方面。

衣：态度第一，质量第二，价格第三。

食：吃得健康，注重消费体验。

住：从标准化到个性化，从宾馆到主题酒店、民宿。

行：速度第一，价格第二。

总体来说，消费潮流已经从大众化、标准化向个性化、多样化转移。互联网的普及更强化了这种趋势，通过互联网，消费者变得越来越社群化、部落化。不同的社群，价值观迥异，消费需求迥异。

对当下的产品和服务的供应商来讲，如何识别并聚焦自己的目标受众，生产出能够打动目标用户的商品，用有触动力的价值表达，在合适的场景展现在用户面前，成为了一项艰巨的任务、一项必须要完成的任务。

一件商品从生产、流通到消费的整个价值链条，驱动力已经从生产者变成消费者，洞悉消费者的需求变化，成为商业活动的核心能力。

8.3.2 滴滴出行为何效率这么高

图 8-1 滴滴出行页面

使用过滴滴出行服务的消费者都会有种感觉，相比在路边等出租车的传统方式，使用滴滴出行叫车真是方便太多了。

滴滴出行的效率为何这么高呢？图 8-1 所示是滴滴出行的打车页面。

共享出行服务的核心是数据，司机接单后，乘客马上就能得到车辆和司机的信息：车辆型号、车牌号、车辆现在的位置，大约多久能到，司机的姓氏、手机号码、照片、接单数量、上线天数、乘客评价等。

当然，司机也同时获得了乘客的数据：目前所在的位置、接客的地点、电话、姓氏、过往司机的评价等。

这些数据在司机和乘客尚未谋面的情况下，提供了服务协议达成的精准数据，在茫茫人海中，通过互联网完成了一次精准的个性化服务。

我在使用滴滴出行打车的过程中，还有个比较深的体会，几个朋友在同样的位置同时用软件约车，有的人的订单被秒接，而有人要等很久。也就是说，每一位乘客除了姓名、手机等表面数据外，滴滴出行还构建了丰富的用户数据模型，并通过算法对不同的用户匹配了不同的服务方案。

8.3.3 只有精准，才有未来

谷歌的精准广告

谷歌是人类历史上第一个大数据驱动的投放精准的广告服务商。传统的广告模式，其效果是没法准确评估的，所以才有一句著名的广告谚语：我知道有一半的广告费是浪费掉的，但不知道是哪一半。

而谷歌的精准广告是广告投放模式的革命。在谷歌上输入某个关键词的用户，肯定是这个关键词代表的有某种需求的潜在客户。通过关键词匹配，向用户推送出非常精准的产品广告。

这个广告模式对传统广告模式有以下两个颠覆。

第一，根据效果付费——有人点击，才收钱。

第二，价格不是固定的，而是实时在线决定——根据市场竞价。

今日头条的精准内容分发

基于个性化推荐引擎技术，今日头条可以根据每个用户的兴趣、位置等多个维度进行个性化推荐。

平台根据用户的社交行为、阅读行为、地理位置、职业、年龄等挖掘出用户的兴趣点，并通过分析用户行为，在用户每次动作后的 10 秒内更新用户模型。

对平台每条内容提取几十个到几百个高维特征，然后根据用户特征、环境特征、文章特征三者的匹配程度进行内容推荐。

依靠个性化推荐引擎技术，2012 年成立的字节跳动公司，到 2018 年，注册用户突破 6 亿人，日活用户 2.4 亿，用户每日平均在线时间 70 分钟。为什么能在这么短的时间内取得如此的成绩？很简单，每个人都拒绝不了自己感兴趣的内容。

淘宝的千人千面

随着互联网流量红利时代的结束，目前，无论什么电商平台，都在寻求平台流量的精准匹配，即把买家最喜欢的宝贝和最符合买家需求的宝贝优先推荐给买家，以使平台能够得到流量价值的最大化。

淘宝很早就开始进行这个领域的尝试，从刚开始的直通车千人千面、搜索个性化到智能推荐系统，直到现在的内容营销，这些无非就是把流量营销做得更精准，把买家与商品进行更合理的对接，以达到良性的转化效果。

千人千面的过程就是将买家的购物需求利用大数据将属性匹配的商品展现在买家面前，其匹配公式：买家标签 = 产品标签。买家的标签属性与商品的标签属性匹配程度越高，转化率自然就越高，这其实就是千人千面的核心原理。

要实现千人千面，首先要完成以下两项基础工作。

（1）买家的数据化，即为买家构建一个数据模型。

什么是买家标签？当一个新用户注册淘宝账号后，在没有任何淘宝行为记录的情况下，他所填写的基本资料就是系统生成的买家初始标签，买家标签的初始基本属性包括年龄、性别、地域、人群关系等，而这些初始的标签是十分微弱的，只有经过加强和优化后，系统才能形成一个相对完整的买家标签。当买家在淘宝上进行浏览、点击、收藏、加购、下单、分享等一系列用户行为后，系统就会对该买家进行计算和优化，并且打上合适的标签，形成用户数据模型。

（2）商品的数据化，即为商品建立标签的过程。

产品的初始标签和买家的初始标签比较相似，一个新产品在发布以后，系统就会抓取产品所填写的各项参数，如女装有类目、风格、年份、尺寸、适合年龄、季节、价格、品牌等参数。当更多买家开始对产品进行购买时，买家的标签数据通过大数据进行处理后，会形成产品新的标签。

例如，一个中高等收入的一线城市公司女白领，下单了一件价格为1888元的简约风格的连衣裙，这时候算法系统就开始计算，可能会为该商品增加如下标签：白领、中高等收入、女、公司管理层职员。从例子中可以看出产品的许多标签其实是买家赋予的，每个标签都会是一个流量入口。当产品标签多样化到一定的数量级，流量自然就上来了，再加上标签的准确性，产品自然就成为爆品。

8.4 智能化是新商业的终极目标

8.4.1 什么是智能化

荀子曰："所以知之在人者谓之知，知有所合谓之智。"就是说我们每个人从周围的世界获取知识和数据，当我们通过分析这些知识和数据，洞悉了世界的发展规律时，就被称为"智"。

当这些"智"被用来指导决策，通过执行、反馈、优化的过程去改变客观世界时，就称之为"能"。

商业的智能化是指商业的决策越来越多地依赖数据、依赖算法、依赖机器学习、依赖人工智能。2018 年天猫"双 11"，销售额超过了 2135 亿元，如果是传统零售，一天有一亿多人涌入的时候，是无法服务好每一个人的。但天猫的大部分员工并不是特别忙，因为用户该看到什么完全是由算法决定的，每一个人都能得到个性化的服务——看到他最想要的商品，得到他最想要的服务。甚至通过算法计算，用户要买的产品已经提前送到了距离用户最近的仓库，可以用最快的速度送到用户手上。

这背后就是人工智能的应用，是在大数据技术创新基础上搭建的智能化商业运营系统。

企业要实现商业智能化，需要两个步骤：

（1）企业核心业务流程的网络化、数据化；

（2）让企业的决策过程数字化、自动化。

8.4.2 企业如何实现业务流程的网络化、数据化

在互联网时代，保障每个企业业务流程顺畅运转的相关各方，依托互联网，形成了一个高效协同的价值网络。也就是常说的：用户在线、产品在线、员工在线、管理在线。

淘宝网帮助企业实现了销售环节的网络化、数据化。

一开始企业只是为了在淘宝卖货，但是在销售过程中，企业感受到了数字化的魅力：销售额 = 流量 × 转换率 × 客单价。原来做生意可以像做数学题一样，生意的每个环节的数据都可获取，可分析，可优化。尝到数据化甜头的企业，随后在各个环节逐步实现网络化、数据化。

移动支付帮助餐饮企业实现了数字化。

中国众多的餐馆曾经都是现金交易，没有收银系统，所以很难实现经营财务数据的可获取、可追溯、可分析、可优化，也就很难实现连锁化经营，难以获得投资机构的参与。

移动支付的流行，让餐饮企业的收入变得可追溯、可核查。移动支付成了餐饮企业信用数据化的基石，开始实现经营活动的数据化的过程，为中国餐饮企业的规模化、连锁化、资本化打下了基础。

网络化、数据化的过程正在从销售环节向各个流程扩展，通过第三方平台和软件，越来越多的企业开始把核心业务流程迁移到了互联网上。钉钉帮助企业实现了办公管理的网络化、数据化，企业资源计划（Enterprise Resource Planning，简称ERP）实现了供应链的网络化、数据化，正在推进的工业互联网、物联网正在完成生产环节的网络化、数据化，仓储管理系统（Warehouse Management System，简称 WMS）帮助企业实现了仓储物流的网络化、数据化。

8.4.3 企业如何实现决策过程的数据化、智能化

1. 数据资产化

企业信息部门从“成本中心”转向“利润中心”。所拥有数据的规模、活性，以及企业收集、运用数据的能力，将决定企业的核心竞争力。掌控数据就可以深入洞察市场，从而做出快速而精准的应对策略，这意味着巨大的投资回报，而数据将成为企业的核心资产。

企业的大数据最重要的作用就是洞察企业的内外部经营环境，帮助企业快速进行市场分析、竞品分析、用户分析、产品分析、营销推广分析及运营活动复盘，及时调整运营计划，增强企业运营的灵活性、精准性。如果把大数据比作一种产业，那么这种产业实现盈利的关键在于提高对数据的“加工能力”，通过“加工”实现数据的“增值”。

2. 决策智能化

企业战略将从“业务驱动”转向“数据驱动”。智能化决策是企业的发展方向。企业通过收集、分析大量内外部的数据，获取有价值的信息。通过挖掘这些信息，企业可以预测市场需求，进行智能化决策分析，从而制定更行之有效的战略。

企业的决策过程从听“老板”的转向听“数据”的，听“算法”的。

不仅是企业，个人的决策也会越来越依赖于数据智能：

2013年，美国著名演员安吉丽娜·茱莉对外公布她进行了切除双侧乳腺手术一事。因为她携带了一种“错误”的基因——BRCA1，这种基因极大地提高了她罹患乳腺癌和卵巢癌的概率。她的医生估算过，她有87%的概率罹患乳腺癌，50%的概率罹患卵巢癌。当知道身处的现实状况后，安吉丽娜·茱莉决定先发制人，把可能的风险降低至最小，决定做一次预防性的双侧乳腺切除手术。

8.5 数据制胜时代正在到来

8.5.1 数据正在成为企业重要的能源

数据已经是企业经营过程中重要的生产要素，它变得像工业时代的石油一样重要，谁拥有更多的、质量更高的数据，谁就能在竞争中获得优势。

数据能够让我们洞悉市场的真相，而市场真相给企业的决策带来充分自由的选择，不用缴学费，不用走弯路，在穿越市场竞争的迷宫中，数据就是指路的神明。

就像庄周《庄子·养生主》中庖丁解牛的寓言：

> **始臣之解牛之时，所见无非牛者。三年之后，未尝见全牛也。方今之时，臣以神遇而不以目视，官知止而神欲行。依乎天理，批大郤，导大窾，因其固然。技经肯綮之未尝，而况大軱乎！良庖岁更刀，割也；族庖月更刀，折也。今臣之刀十九年矣，所解数千牛矣，而刀刃若新发于硎。彼节者有间，而刀刃者无厚；以无厚入有间，恢恢乎其于游刃必有余地矣，是以十九年而刀刃若新发于硎。**

8.5.2 各大平台正在成为数据的垄断者

由于互联网的头部效应，互联网用户不断向头部应用聚集。

淘宝天猫、京东商城几乎垄断了电子商务的卖家和买家数据。优酷土豆、爱奇艺垄断了国内的视频内容和观众数据，QQ 和微信几乎垄断了国内的社交用户数据，美团、饿了么几乎垄断了国内的外卖数据，微信支付、支付宝几乎垄断了国内的移动支付数据，滴滴出行垄断了共享出行数据。

当我们大部分人在讨论大数据的时候，其实大数据和我们大部分人无关。除了这些头部平台，我们能去哪里获取大数据呢？当然，平台也会把自己的数据包装成产品提供给我们，从而收取数据使用费，就像淘宝的生意参谋那样。也会有专业的数据公司提供服务外包，直接把分析结果卖给你。

这些数据在为平台创造财富的同时，越积越多、越来越精确的数据正在成为财富的一部分。你在平台上的每一次选择，每一次消费，你敢说100%是出于你自己的个人意志，而不是被算法所影响的吗？平台因洞悉用户数据而获得影响力，进而将产品卖出越来越高的价格。

第9章

新商业工具箱

企业数据化和网络化的路径

9.1 效率是企业的终极目标

企业是人类追求经济效率所形成的组织。

交易成本（Transaction Costs）又称交易费用，由诺贝尔经济学奖得主科斯 (Coase，R.H.) 提出，交易成本理论的基本论点在于对企业本质的阐释。由于经济体系中的专业分工与市场价格机制，交易成本决定了企业对协作链的选择。

交易成本主要分为以下几项（Williamson, 1975）。

- 信息获取成本：对商品信息与交易对象信息的搜集成本。
- 信息传播成本：取得交易对象信息与和交易对象进行信息交换所需的成本。
- 议价成本：针对契约、价格、品质讨价还价的成本。
- 决策成本：进行相关决策与签订契约所需的内部成本。
- 监督交易进行的成本：监督交易对象是否依照契约内容进行交易的成本，例如追踪产品、监督、验货等。
- 违约成本：违约时所需付出的事后成本。
- 信息技术下的交易成本分析：电子商务的成本指客户应用计算机软硬件、搜索信息、网上支付、信息安全、物流配送、售后服务以及商品在生产和流通过程中所需的总成本。

研究表明，信息技术大幅度降低了新商业的交易成本。例如，在 B2C 中，企业用网店代替传统渠道，降低了用户的信息获取成本；通过在线成交降低了议价成本；通过物流快递，降低了供应链成本；通过数据分析，可实现对用户需求的精准把握，降低了库存成本。

在 B2B 电子商务中，从以下 3 个方面降低了公司的成本。

（1）减少了采购成本，企业通过互联网能够比较容易地找到价格最低的原材料供应商，从而降低交易成本。

（2）有利于较好地实现供应链管理。

（3）有利于实现精确的库存控制，从而可以减少库存或消灭库存。

信息技术对交易成本的降低，是传统商业价值链重构的源动力，拥抱信息技术是每一个追求效率的企业的必然选择。

再精巧的弓弩，也无法和机关枪对垒，高维度技术带来的冲击是不可逆的。

9.2 商业组织变革是一切的开始

传统的金字塔式的多层级管理架构，是因为工业化大规模生产和销售的需要而形成的组织，是产品驱动的、流程化的、标准化的、高效率的组织架构。

在新经济的土壤上，企业的传统组织架构开始松动。

1. 员工的个人价值开始凸显

新商业的驱动核心为用户，“听得到炮声”的一线员工将会在用户决策的过程中发挥核心作用。

互联网让普通员工获得了更多信息优势和资源优势，个人价值得以释放。企业和员工由雇佣和被雇佣、管理和被管理的关系，向平等的合作关系改变。

互联网企业有一些非常明显的特征。

（1）上下级平等相待，没有森严的等级制度。同事之间不以职级作为称呼，而是直呼其名，或用花名、英文名互称。CEO 没有隔绝的办公室、会议室。

（2）组织层级少，一般为三层，便于信息的传递，反馈效率高。在变化迅速，崇尚创新的互联网行业，这是必须的。

（3）创业文化流行，员工渴望从 0 到 1 的创造性工作，厌倦螺丝钉型的简单重复的工作。一旦某位员工对组织的价值不可或缺，成为项目的合伙人是非常正常的内部创业模式。

2. 企业从“公司 + 雇员”变成“平台 + 个人”

随着员工个人价值的凸显，员工的能动性和创造性成为企业的核心要素。企业从个人对组织的依赖，变成个人依靠组织的平台资源，组织依靠个人的创新、创造能力。

几年前，张瑞敏以其极富前瞻性的眼光，看到了做“时代型企业”的方向，在海尔推行了一场波澜壮阔的改革，号称“砸组织”，即将原来自上而下的层级结构打破，变成内外部创客共创共赢的平台型组织，提出了“让每个人成为自己的CEO”的口号。

管理对组织来说，核心是赋能，是激活组织成员，并提供平台支撑。层级结构、组织边界都会被打破，目的是让各种资源在信息技术的基础上高效协同，为用户创造更完美的产品和体验。

3. 首先是经营思维的变革，然后才是技术

想不明白，肯定就做不明白。

新商业转型首先是经营思维的变革，然后才是技术。所以转型首先是“一把手”工程，企业的管理层要首先实现思维的转变，并将这样的思维从上到下贯彻下去。

思维的转变不是增强企业控制也不是改变企业控制，而是减少控制，激活组织和个人的能力。对于新型的业务方向，甚至可以采用创建独立的创业公司的模式，用市场化的手段对接企业原有资源，用全新的模式摆脱固有体制的羁绊，这样反而更容易成功。

9.3 让产品和服务实现在线连接

让用户能够在网络上找到产品是第一步。实现产品在线的工具和平台非常多，每家企业应该都能找到适合自己模式的平台。

1. B2B 类平台

内销类： 1688、中国化工网、慧聪网、找钢网等。

外销类： 阿里巴巴国际站、中国制造、环球资源网、金银岛等。

2.B2C 类平台

内销综合类： 天猫商城、京东商城、苏宁易购、国美在线、当当网等。

内销垂直类： 贝贝网、唯品会、蘑菇街等。

跨境类： 全球速卖通、执御、兰亭集势等。

3. C2C 类平台

内销类： 淘宝网。

外销类： eBay。

4. 移动类平台

内销类： 有赞微商城 、微店等。

外销类： Wish 平台。

5. 社群电商

这类平台有拼多多、云集微店、贝店等，以及通过微信公众号、微信群、微博等，它们通过社交工具进行产品销售。

让用户了解和接触到产品和服务是达成交易的第一步，也是企业花费了大量成本在渠道和宣传上要达成的目标。

毫无疑问，互联网是目前最大的媒体，也是最大的销售渠道，让自己的产品和服务展现于互联网是当下重要的工作。当然，互联网正在变得越来越“拥挤”，过多的信息正在成为噪声，如何运用互联网进行传播和销售，是一个越来越充满技术含量的课题。

9.4 让用户和企业的互动实现在线连接

9.4.1 企业第一次有机会直接面对海量用户

传统商业面对用户靠的是碎片化的零售渠道，由于中间隔着代理商、经销商，企业是无法和终端用户进行沟通和互动的。影响用户的唯一渠道就是广告互动，这是单一维度的传播，无法实现互动。创建品牌是产品集聚用户的唯一手段，而无力承担广告传播成本的中小企业，只能靠争夺终端渠道获得产品曝光。

互联网和手机的快速普及，让大部分人都成了互联网的一个节点，通过互联网进行海量的互动连接成为可能。连接的方式，随着互联网技术的进步不断扩展：

- 企业官网
- 第三方平台店铺

- 企业官方微博
- 企业论坛
- 用户 QQ 群、微信群
- App、小程序
- 微信公众号
- “网红”主播

……

与用户的直接沟通和互动，可以让企业第一时间获得用户的需求信息，感知用户的痛点和痒点；可以第一时间获得用户的反馈信息，快速了解产品和服务的缺陷，快速提升和迭代。所有这些，都大大提升了企业的决策速度和决策质量。

更重要的是，当一家企业可以直接和海量用户沟通时，便具备了媒体的特征。此时，企业就不需要向第三方媒体，如电视、报纸、网站购买流量，而是可以独立地进行信息传播，从而节省大量市场营销成本。

9.4.2 莫七七的“粉丝”经济

莫七七和闺蜜小曦都是“80后”，两个二十几岁的年轻人，同时是一个三金冠的淘宝店的创始人，店的名字叫梵曦诺，该店每年有近亿的销售额，在化妆品类目排名前十。最奇特的是他们的店铺不在淘宝投一分钱广告，也没有电商运营这个岗位，既不看电商数据、分析电商数据，也不懂流程化管理，但梵曦诺的客户回头率达到 80%，这完全颠覆了淘宝卖家们的认知。

事实上，互联网的社群平台是梵曦诺和用户沟通互动的主阵地。

1. 莫七七的新浪微博

莫七七的新浪微博目前有 65 万关注量，她的个性签名为“知名美容彩妆达人，服饰搭配达人，时尚博主，人气美女主播”。莫七七在创业之前，已经在新浪微博小有名气。她利用已有的影响力，把个人品牌和产品品牌进行了融合。

2. 梵曦诺微淘

梵曦诺微淘目前有 23.7 万“粉丝”，微淘是淘宝推出的为店铺服务的社群工具。

3. 梵曦诺微信公众号

梵曦诺微信公众号可以进行量信息大的图文传播，便于深度交流。同时，微信公众号可以进行二次开发，具备更强大的功能。当前，梵曦诺微信公众号的每篇文章都有数千次的阅读量。

4. 互动大于内容

莫七七的微博不做品牌推广，都是和“粉丝”的互动，每篇微博的评论和点赞都在 500 以上。莫七七认为微博内容不需要精美，“粉丝”在意的是你是否与他们进行真实且个性化的互动沟通。

线上的互动要好玩、有趣，可以自黑，发布买家秀，设置奖品福利活动等。

线下活动，通过微博发出邀请，邀请“粉丝”参加线下聚会，让小伙伴们互相认识，“粉丝”通过深度参与来建立对品牌的认同，成为“铁杆粉丝”。

9.4.3 魅族的“煤油们”

“煤油”一词是魅族“粉丝”的自称，是“魅友”的谐音。在魅族品牌十多年的起起落落中，“煤油”和魅族一直“生死相依，不离不弃”。

提到魅族，就不能不提魅族的“大BOSS”黄章。作为魅族科技的创始人，黄章可以说是中国手机圈里非常独特的存在。

黄章很像顺丰速运的创始人王卫，他们有共通的特点——“宅”和“隐”。他对产品的要求苛刻，极致的打磨精神几乎无人能比，甚至可以说有些偏执，但其行为处事又低调神秘，极少公开露面，就连流传出来的照片也没几张，与雷军、罗永浩、余承东等人截然不同。

很多人都说，排队买手机的历史是由苹果公司创造的，而在魅族的“粉丝”——“煤油”看来，让用户排队购买的除了苹果还有魅族。

2009年2月，首款魅族手机M8开售，两个月内销量达到10万部，5个月内销售额突破5亿元。在这些耀眼的业绩下，有人拿黄章和乔布斯比较，称赞他“具备乔布斯式的极客气质”。

2011 年元旦，魅族 M9 发售现场出现了排长龙的盛况。

魅族是国内手机品牌中第一家和用户互动紧密的企业，黄章虽然很宅，但经常在论坛与消费者互动。据称，他每天至少要花 4 个小时浏览论坛中的信息，用户发现的技术问题，他都会搜集起来并提出解决方案。

在黄章的要求下，魅族公司的每个部门、每个员工，每天都要到互联网上去了解、搜集用户反馈的各种信息，然后对其进行整理，并依此对产品做出改良。

9.5 让企业的管理实现在线化

企业管理追求的就是大规模协同效应，管理的过程就是团队每一个体都能按既定目标分工协作，共同完成任务的过程。传统企业通过制度、流程、会议、通信工具等手段实现团队的协同，而互联网的核心价值就是能够实现大规模跨区域的网络协同，更重要的是互联网能够以低成本、高效率实现团队的协同。

互联网工具在企业管理中的广泛应用，能够极大地改善企业的管理运营效率，让企业具备更强的竞争力。

9.5.1 高效仓储管理工具 WMS

WMS 是一款专门针对电子商务行业的仓储管理软件，集中管理线上线下库存，自动对接多平台，支持多仓库、多货主等不同的业务模式，支持多部门、多角色协同办公，全程支持 RF 手持设备作业。依靠灵活多变的拣货策略、批次策略、上架策略、补货策略、波次策略、移货策略、仓库调拨策略、商品管理策略，WMS 可满足电商企业精细化的库存管理需求，全面提升仓储操作的工作效率。

WMS 的结构如图 9-1 所示。

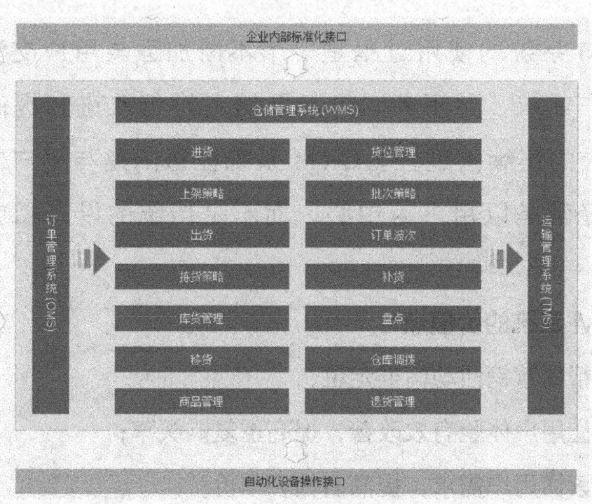

图 9-1 WMS 的结构图

WMS 给企业带来的好处：

- 数据采集及时、过程精准管理、全自动化智能导向，提高工作效率；

- 库位精确定位管理、状态全面监控，充分利用有限仓库空间；
- 货品上架和下架，全智能按先进先出自动分配上下架库位，避免人为错误；
- 实时掌控库存情况，合理保持和控制企业库存；
- 订单配货更高效、准确。

市场上常见的 WMS 还有金蝶、科箭等品牌。

9.5.2 对客户进行有效运营的 CRM 系统

CRM 系统的使用过程是一个不断加强与用户交流，不断了解用户需求，并不断对产品及服务进行改进和提高以满足用户需求的连续的过程。CRM 系统注重的是与用户的互动，企业的经营是以用户为中心，而不是传统的以产品或以市场为中心。

CRM 系统的价值点：

- 帮助营销活动精准定位；
- 让用户体验有效改善，提高重复购买率；
- 读懂用户需求，提高店铺客单价；
- 实现服务升级，提升用户满意度。

CRM 系统其实做好了两大方面，一个是服务，一个是营销。CRM 运营体系就是基于服务和营销这两个点展开的。

CRM 系统一般分为如下四大模块。

- 用户档案管理。包括用户基本信息、购买记录，会员体系管理，用户积分管理等。
- 用户关怀。通过群发短信、群发邮件、群发彩信，进行老客户维护，新客户关怀，流失客户激活，潜在流失客户挽回等。
- 营销管理。通过群发信息和邮件，进行购买提醒，通过导入淘宝红包等形式促销。
- 分析统计。通过对老客户、新客户、流失客户进行分析，对用户购买力、复购率、新客户增长曲线进行分析，对短信和邮件群发效果进行分析，提供用户优化的策略组合。

9.5.3 在线移动办公管理工具

企业内部的沟通和项目协同管理是企业管理的核心部分，大公司采用自主开发 OA 系统的方式解决，而大部分中小企业通过会议和文件系统进行。

1. 微信群

随着移动互联网的快速普及，社交软件微信也得到了普遍应用，微信很自然地成了企业办公中常用的工具。

微信群是企业常用的微信功能，一个公司或一个部门组成一个工作群，有事情群里招呼一声，有什么文件、通知，群里转发一下，既经济又方便。甚至拉个小群，开个在线会议，讨论完了，解散就行，既方便又高效。

当然，微信作为一款社交应用，本身不是为企业管理设计的，自然也缺少企业 OA 系统所应具备的专业性和功能性。

2. 钉钉

钉钉（DingTalk）是阿里巴巴集团专为中国企业打造的沟通和协同的多端企业管理平台，提供 PC 版、Web 版和手机版，支持手机和电脑间的文件互传。

钉钉功能模块一：企业沟通功能。

（1）视频电话会议

高清免费，最高可支持多达 30 人的视频电话会议。

（2）商务电话

一键发起商务电话，让团队内部沟通变得简单便捷，简易高效的电话会议体验，支持 2 ～ 9 人同时加入，且商务电话免费，降低沟通成本。

（3）DING 功能

钉钉发出的 DING 消息将会以免费电话、免费短信或内部消息的方式通知到对方，无论所接收的手机有无安装钉钉 App，是否开启网络流量，均可收到 DING 消息，实现无障碍的信息必达。

（4）消息已读未读

无论是一对一聊天，还是一对多的群消息，钉钉都能让用户知道发出的消息对方是否阅读，哪些人已阅，哪些人未读。

钉钉功能模块二：团队建设。

钉钉推出了所有用户新建团队或企业的功能，任意一个企业、组织或者个人，无论是企业内的部门、企业内的兴趣团体、企业内的虚拟项目组等，还是社团、班级及其他社会组织，都可以快速创建团队，并且享受大量免费权益。

（1）企业通信录

可以上传企业内部全体成员、同事的职务、负责的业务、联系方式等， 钉钉通信录还与个人通信录打通，可同时添加公司同事和个人通信录朋友，以便发起各种聊天、群、多人电话等会议。

（2）企业群

钉钉可以成立企业群，企业群成员是经过员工表格确定的，以保障安全。只有“认证用户”才能进入到“企业群”中，因而该群只包含企业内部的通信人，一旦出现人事变动，离职员工会即时从整个通信录和所有群组中退出。企业群支持群公告发布，发布后支持实时查看已读 / 未读。

钉钉功能模块三：移动办公。

（1）智能报表

随时随地掌握企业人财物事，全方位解读企业状况，自动汇总收入、支出、出勤等数据，管理者实时得到汇总结果，数据化管理省时省力。

（2）考勤

可实现多地多店管理，出勤人员一目了然，考勤排行榜功能可以发现团队谁更优秀，考勤报表自动统计，自动生成。

（3）审批

移动审批，简单易上手，预置丰富的多行业模板，一键添加，满足日常工作场景所需。

（4）签到

随时了解外勤人员分布、签到记录时间和位置，并可拍照打卡。签到时可选择拜访的客户，记录客户拜访过程。还可查看团队签到地图，个人签到足迹，从而提高了团队执行力。

（5）日志

工作日报、周报、门店销售报告、每日成果均可一键分享到群，用户可随时了解团队业绩状况，提高团队执行力。

（6）公告

随时随地发通知，手机和 PC 端均可发送图文通知，重要信息图文并茂。一键发送给未读人员，能保障通知必达。

（7）钉邮

支持主流邮箱登录，邮件发出后可查看已读和未读，邮件可发到聊天群里，用户不会错过任一封重要邮件。

（8）钉盘

可实现高效便捷的文件协同操作，融合了企业群聊的功能，同事间分享文件更方便，而且对于外部联系人，跨企业文件的共享也更灵活。

钉钉功能模块四：开放平台。

钉钉同时提供开放接口服务，可以打通企业现有系统和钉钉的互通。不管用户使用的是采购的 OA 系统，还是自主开发的 OA 系统，钉钉都提供了解决方案：它们都可以与钉钉通信打通。

常用的移动办公软件还有口袋助理、飞企互联等产品。

9.6 正在成熟的“黑科技”

可以预测，一些重要的技术突破将会给商业带来更大的冲击。

1.VR 技术

2016 年被称为虚拟现实元年，VR 技术逐渐平民化，国际上各大国际巨头开始推出自己的 VR 设备，如 Oculus 公司的 Ocules Rift、索尼公司的 Project Morpheus、三星公司的 Gear VR、谷歌公司的纸板眼镜，以及 HTC 公司和 Valve Software 公司联合开发的 HTC Vive 等，我们距离 VR 的普及爆发，仅一步之遥。VR 设备如图 9-2 所示。

图 9-2 VR 设备

电子商务通过信息技术高效地解决了商品的信息获取和谈判交易，但图片和文字带给消费者的体验是单薄的。VR 技术通过一种崭新的交互技术，提供给用户更真实、更自由的体验，对消费场景进行了重构。

2016 年，阿里巴巴宣布成立 VR 实验室进行全面布局。

2016 年，英国老字号玛莎百货在传统的展厅中加入了 VR 体验馆，通过使用 Oculus Rift，“导购员”Amy 会给客户不同的建议，帮助客户在不同的商品中作出更好的选择。

VR 技术对不同的产业类型会产生不同的影响，对视觉冲击更敏感的行业更合适使用这项技术，比如时尚展示、家居设计、房地产销售、游戏娱乐等行业。

2. 人工智能（AI）

2016 年 3 月 15 日，Alpha Go 与围棋世界冠军、职业九段选手李世石进行人机大战，并以 4：1 的总比分获胜，2017 年 5 月，Alpha Go 再战围棋世界第一人柯洁，毫无悬念地以 3：0 完胜。Alpha Go 团队随后宣告不再和人类进行类似的围棋竞赛，潜台词就是，在围棋这个项目上，人类永远无法战胜 AI。

人类被 AI 的强大能力所震撼。AI 在算法上的突破大大降低了行业的门槛，3 ~ 5 年内 AI 在产业层面的大规模应用或成为可能。

AI 对商业的影响可能会出现在以下几个方面。

（1）零售平台更懂消费者

通过对消费者历史数据的分析和当下浏览动作的分析，针对每一个消费者，系统会生成个性化的购物页面，推荐适合用户的产品——呈现给用户的产品，都是用户想要的。

（2）更多的客户服务工作将会被 AI 取代

电子商务平台需要大量的在线导购完成消费者的咨询工作，传统的电子商务公司甚至有 50% 的员工是客服人员，AI 技术成熟后，完全可以用 AI 替代大量的客服人员。

（3）AI 优化供应商的生产过程

生产什么、生产多少、什么时间推出，一直是困扰企业决策层的难题，AI 对海量数据的分析能力，可以为企业的决策提供更大的帮助，提升企业资源的使用效率。

3. 无人驾驶技术

无人驾驶技术已经是一项成熟的技术，3～5 年走向大规模应用是非常可能的，这项技术带来的巨大的产业变革将影响许多产业领域。

（1）无人驾驶技术将会颠覆与汽车相关的上下游产业

由于不再需要人员操控，电子视觉系统、光电传感器、数据处理、互联网导航等部件将取代方向盘、油门、刹车等部件，无人驾驶汽车将会给新型电子元器件、物联网、导航技术、数据处理、AI 等新技术创造巨大的市场机会。

（2）无人驾驶技术带来新的商业机会

只需要提前设定，无人驾驶汽车就可以把乘客或货物送达指定目的地，人们可以利用路途中的时间工作、学习、娱乐。麦肯锡公司预计：无人驾驶技术会每天会节约全球约10亿小时的时间。无人驾驶技术的发展大大提高了汽车的使用效率和物流的效率，如此将改变仓储物流行业的生态。

（3）汽车产业的商业模式会改变

传统汽车厂商、4S店通过销售汽车获得收入，而在无人驾驶汽车普及后，服务将会成为主要的盈利方式。

技术大爆炸时代已经来了，变化是唯一不变的趋势。对于变化中的新商业，唯一不变的是对效率的追求，那就是好产品、好价格、好服务。

4. 无人机送货

2016年6月，京东无人机在宿迁完成首单送货任务，全程5千米。

京东在宿迁展示了3款无人机，载重量从10千克到15千克不等，可以按照规划的既定航线自助飞行，具备自动装卸货功能。无人机的飞行距离约为5千米到10千米，货物送达后可按指令自动返航。京东已经获得了宿迁地区120米以下的空域授权，并且向空军和空管部门报批了固定航线，未来一年将在宿迁开设更多的无人机送货站点。

对于物流无人机的长远规划，京东的目标是解决往返45千米内的农村物流需求。这些送货无人机将在农村配送站之间飞行，取代农村的配送车辆和人员。

2017年6月21日，顺丰速运与赣州市南康区联合申报的物流无人机示范运行区的空域申请，得到了东部战区的正式批复。6月29日，顺丰速运在获批空域内进行了首次业务试运营飞行。顺丰速运成为目前国内唯一严格按照民航要求申报物流无人机飞行的企业。

按照顺丰速运的设想，在不久的将来，快件将通过“大型有人运输机 + 支线大型无人机 + 末端小型无人机”的三段式空运网实现 36 小时通达全国，即便是地形复杂或偏远地区也不例外，完成对三线及以下城市的空网覆盖，大幅度提升物流效率。

顺丰速运表示，以四川省为例，从攀枝花市到成都市陆运需要 12 ～ 15 小时，如果把支线的陆运转变为大型无人机空运，时间将缩短到 2.5 小时，这可以很大程度上提高时效性。

无人机送货可极大改善广大农村地区的物流效率，为新的零售体系的建设提供助力。

9.7 商业可能的终极——新零售

如前所述，马云在 2016 年杭州云栖大会的开幕式上声称：纯电商时代过去了，未来十年是新零售的时代，线上线下必须结合起来。

9.7.1 线下渠道再次获得认可

1. 阿里巴巴

重要的是，马云不只是说说，而是在快速布局。

2015 年 8 月 10 日，阿里巴巴以 283 亿元入股苏宁云商。

2016 年 11 月，阿里巴巴集团用 21.5 亿元人民币收购三江购物 32% 的股份。

2017 年 1 月，阿里巴巴斥资 26 亿美元收购银泰商业。

2017 年 5 月，阿里巴巴集团与易果生鲜签订股权转让合同。阿里巴巴集团向易果生鲜收购联华超市 18% 的内资股股权，成为联华超市第二大股东。

2017 年 7 月 20 日，马云亮相上海盒马鲜生，宣布了和盒马鲜生的关系。

2017 年 8 月 28 日，阿里巴巴旗下的零售通宣布，第一家专心服务社区的“天猫小店”（天猫 · 维军超市）已在杭州正式运营。

2. 京东商城

同时，京东商城也在进行战略布局。

2015 年 8 月，京东商城以 43 亿元入股永辉超市。

2016 年 6 月，京东商城收购 1 号店，并和世界线下零售巨头沃尔玛建立全方位战略合作。

2017 年 4 月，京东 CEO 刘强东宣布要在全国开设 100 万家京东便利店。

3. 小米科技

2016 年 10 月，小米科技董事长雷军宣布要在 2016 年和 2017 年开设 300 家线下店，并在未来几年争取开设到 1000 家。但我们相信，小米专卖店（如图9-3所示）和OPPO专卖店是完全不同的思路和玩法。

图9-3 小米专卖店

4. 其他品牌

这几年，著名的电商品牌都开始了线下之路，裂帛、茵曼、三只松鼠都开始了线下渠道的拓展。

9.7.2 线下渠道的真正价值在哪里

真的是风水轮流转，线下渠道要咸鱼翻身了吗？

非也！

线上的商业，虽然流量优势不再，但其他优势依然存在。例如，购物过程的便捷性、跨区域服务能力、提供海量选择的能力、同时接纳用户数量的优势，以及对目标市场和交易过程进行数字化分析的能力。

当然，线下渠道也有不可替代的价值。

（1）线下商业最大的优势是体验。用户在线下不但可以看到、听到，还可以摸到、闻到、尝到、感觉到。在人们的消费过程中，有很多钱是用来“购买体验”的。例如，在家里喝杯雀巢咖啡花1元钱就够了，但我们却愿意花30元去咖啡馆喝。

（2）最重要的价值点：线下渠道是老百姓生活场景中不可缺少的一部分。线上是可以购物，可以订外卖，但我们的生活不只是宅在家里，我们要休闲，要娱乐，要社交，要吃喝玩乐，要消耗大量无聊的时间，这些都需要在线下的店铺里完成，这些地方是我们生活场景的一部分。

一些线下实体店之所以受到冲击，主要原因是做得不够好。

9.7.3 新零售是商业的未来

什么是新零售？

不是简单的线上线下结合！而是利用现代信息技术，包括互联网、大数据、云计算、人工智能、现代物流等手段，实现的以消费者为中心的人、货、场的高效资源配置模式。

所有的商业都有基本的3个元素：人、货、场。

人：用户、消费者，购买产品和服务的人。

货：提供给用户的产品和服务。

场：人和货的连接场所，可能是大型超市、24 小时便利店或者是百货商场，也可能是天猫、京东商城或者朋友圈。

新零售最终要实现的是零售价值链的重构。

传统零售价值链：货→场→人。

企业设计生产出产品，通过各种零售渠道把产品布置到各种可能接触到消费者的场所，消费者在这些场所接触到产品，并被促销推广所影响形成购买。

新零售的价值链：人→货→场。

企业首先拥有并经营自己的用户群，或者对潜在的用户群进行精准定位，准确地洞察到用户的需求。根据这些需求，并在用户的参与下，针对不同用户的特点，生产出满足用户需求的产品，并根据大数据，在用户最容易出现的场景，最容易被打动的时刻，形成触点。

举些例子吧！

（1）王女士早上浏览今日头条的信息时，刚好看到一个内衣品牌的新款的推广链接，对产品产生了好感，点进去浏览了一会儿。

（2）上午在去超市的路上，王女士刚好路过这个内衣品牌的专卖店，想到早上看到的那款内衣，就进了专卖店。

（3）王女士走进店里，面部识别系统迅速调出王女士的会员资料，店内音响系统自动切换了一首王女士喜欢的歌。导购员通过会员资料，了解到王女士的穿衣尺码、品味、价格偏好及家庭信息等数据。

（4）上次服务过王女士的导购员走上前和王女士拉起了家常，聊起了王女士的狗狗，还有上小学 3 年级女儿的功课。

（5）王女士找到了那款内衣，并通过扫描边上的二维码，看到很多买家的评价，王女士非常喜欢，但这家店没有合适的尺码，导购员迅速在线上查到附近的另一家店有此尺码，但送过来要 15 分钟，还告诉王女士可以在线上旗舰店下单，第二天可以收到。

（6）王女士选择了在旗舰店下单，并用统一的会员系统积分享受了线上折扣。

（7）第二天，专卖店导购员在会员群 @ 了王女士，告诉她，快递会在上午 11 点送到。

（8）上午 11 点，王女士收到了货，对产品很满意，盒子里还有一张生日代金券，她可以在下个月的生日当天使用。

一切都是刚刚好。当然，背后是一套复杂的系统在支撑，一套数据化、网络化、智能化的后台系统。

这只是当下简单的场景想象，未来可能会丰富十倍、百倍。

未来很美好，但只属于做好准备的人！